幼兒健康與安全

趙偉勛　汪雅婷　徐珮娟　著

五南圖書出版公司 印行

目錄 **Contents**

健康信念及促進理論
CHAPTER 1

☺ 前言

　　健康信念（Health Belief, HB）是指人如何看待健康和疾病、如何認識疾病的嚴重程度及易感染性、如何認識採取預防措施後的效果及採取措施所遇到的障礙。在大多數人眼裡，沒病似乎就是健康。其實這是一個消極的健康觀，沒病並不等於健康。

　　隨著社會的進步和發展，醫藥科技的發達，許多過去被視為絕症或重症的疾病，大多數已有其因應之道，人類因災荒、瘟疫、貧困、惡劣的生活條件等所引起的各種疾病已大為減少。根據世界衛生組織（WHO）2014年5月發布的《2014世界衛生統計報告》預測，2012年的出生人口，平均壽命71.5歲，男性是68歲、女性預期壽命則為73歲。我國內政部於2014年9月公布第十次國民生命表，其中國人平均壽命79.12歲，男性75.96歲、女性82.47歲，國人壽命愈來愈長。

　　然而，時代的發展和進步卻似乎也趕不上疾病進化的腳步，競爭和快節奏的現代社會，造成緊張的社會環境，給人類帶來前所未有的心理壓力，伴隨而來的是相關的疾病，例如：癌症、心血管疾病、糖尿病、消化道潰瘍，以及對人的猜疑、妒嫉、敵視、悲傷、神經障礙等發病率劇增，各種新的病症亦大量出現；加上一般民眾生活條件優渥、吃好喝好、缺少時間進行健康保健的活動、各項生活壓力龐大，以致一般人「聞病色變」。根據我國衛生福利部統計：2013年國人十大死因依序為惡性腫瘤、心臟疾病、腦血管疾病、糖尿病、肺炎、事故傷害、慢性下呼吸道疾病、高血壓性疾病、慢性肝病及肝硬化、腎炎、腎病症候群及腎病變，其順位與前一年相較，僅肺炎與糖尿病對調，其餘不變。十大死因中，有7項屬於慢性疾病，相關死亡人數約占整體64%，平均每3分24秒有1人死亡，「死亡時鐘」較前一年平均每3分25秒撥快1秒，每天約有423人過世。

　　近年來由於國民生活水準提昇，社會大眾更加重視身體的保健與休養，更因爲一些與樂活相關之新興活動及產業的興起，帶動了整體健康促進（Health Promotion）之風氣。歐美國家從1980年代起，開始熱衷於「健康促進」的社會運動；臺灣地區則是從1990年開始重視「健康促進、預防疾病」的衛生政策。常人或許不瞭解、甚至不曾耳聞「健康促進生活型態」，但一般人卻是有意或無意間地在生活中實施相關的「健康促進生活型態」。舉例來說，較爲人重視的不外乎生活作息規律、正確與健康的飲食、保持身心愉快等各種生理、心理的相關防護保健措施，皆與健康促進生活型態之相關理論內容深深切合。以下將先針對健康信念及促進作一介紹與界定，最後再從理論面出發，針對健康信念及促進給予實務上的建議。

☺ 第一節　健康的認知、態度及動機

　　根據世界衛生組織（WHO）對健康的定義：「是生理、心理及社會適應三個方面全部良好的一種狀況，而不僅僅是指沒有生病或者體質健壯。」這個定義一直被用來解釋健康，直至1990年世界衛生組織又加上一項內容，改爲：「健康不只是不生病，健康是身體健康、心理健康、社會適應良好和道德健康四方面皆需健全。」因此，健康需涵蓋身心、環境、社會及道德等面向，當然四者之間也會相互影響。一般人需能瞭解健康是什麼、有促進健康的積極態度及動機，才能正向積極的保有眞正身心、環境、社會及道德等各面向健全的健康。

一、健康的認知（Health Cognition）

　　「認知」（Cognition）是個體客觀對於世界認識的一種信息加

工活動。人對客觀事物的認知，是從自己感知開始的。如果一個人沒有自我的感知活動，就不可能產生出認知；換句話說，這種感知是人類特有的認知形式。人的感覺、知覺、記憶、想像、思維等認知活動，按照一定的關係組成一定的功能系統，進而調節對個體認識活動作用的實現。在個體與環境的相互作用過程中，個體認知功能的系統不斷發展，並趨於完善。認知過程可以是自然的或人造的、有意識的或無意識的。

健康定義會隨著時空環境的不同而有所變化，因此，要很明確的定義健康，的確不是件容易的事。曾有學者認為健康是一種比較性的名詞，並非絕對的。所謂「健康的認知」，是指能夠取得、處理及理解對於健康的一些基本常識，再以這些信息來作適當的決定。健康的認知是指對健康的一種信念、期望、認知、價值觀的動機，以及提供組織參考或評估健康和疾病的一種態度，無論這些條件是否與健康的狀況有關，不管它們是否客觀、有效。

二、健康的態度（Health Attitude）

「態度」（Attitude）作為一種心理現象，既是指人們的內在體驗，又能是一種人們的行為傾向。一般而言，態度是潛在的，無法直接顯現於外，主要是間接透過言論、表情和行為來反映的。人們的態度對象也是多種多樣的，例如：觀念、人物、事件、集團、制度、國家等。人們對這些態度對象，有的表示接受或贊成，有的表示拒絕或反對，這種在心理上表現出來的接受、贊成、拒絕和反對等評價傾向，就是「態度」。因此，態度又可以看成是一種心理上的狀態，這種狀態能支配著人們對觀察、記憶、思維的選擇，也決定著人們聽到什麼、看到什麼、想些什麼和做些什麼。

態度通常是指個人對某一個體所持的評價與心理傾向。換句話

說，就是個人對環境中的某一對象的看法，是喜歡還是厭惡，是接近還是疏遠，以及因此而激發的一種特殊的反應傾向。態度的心理結構主要包括三個因素，即：認知因素、情感因素和意向因素。

研究和實踐都證明，態度對於一個人的行為具有重要的影響作用，它不僅會影響一個人的知覺與判斷，還會影響一個人的工作和學習的速度與效率。同時，它還可以幫助人們決定是否加入某一群體、選擇某一職業、或者堅持某種生活信念等等。因此，擁有健康的態度，能讓人類對健康的追求水準更向上提昇，甚至積極的進行健康促進行為，達到保持健康的目的。

三、健康的動機 (Health Motivation)

「動機」（Motivation）為名詞，是引起個體活動，維持並促使活動朝向某一目標進行的內部動力。動機在心理學上一般被認為涉及行為的發端、方向、強度和持續性；當動機作為動詞時，則多被稱為「激勵」（Motivating）。組織行為學中，激勵主要是指激發人的動機的心理過程，透過激發和鼓勵，讓人們產生一種內在驅動力，使人們能朝著所期望的目標前進的一種過程。在此過程中，動機通常不會是一成不變的；相反地，動機可能會增加或降低。然而，不論動機的高低為何，若能維持一定的水準，則不但能維持追求該目標的行為，也能維持心理上對該目標的渴望，直到該目標達成為止。因此，動機時常被視為是一種行為的前導驅力，若能掌握人們的動機，則往往可以協助預測其行為的方向性與模式。動機在人類行為中扮演著十分重要的作用，是個體活動的動力和方向，給予人類活動的動力、又對活動的方向進行控制。具體而言，人類動機對活動具有引發、指引和激勵的功能。

內在動機是指由對任務本身的興趣或愉悅所帶來的動機，這是存

在於個體內部而非依賴任何外部力量的驅動。社會心理學家和教育心理學家從二十世紀七〇年代開始關注內在動機。社會心理學家和教育心理學家發現被內在動機激勵的學生，更可能願意進行任務，並且在任務過程中提昇自己的技術和能力。學生如果把他們學習成績歸於自己能控制的因素，他們更可能擁有內在動機，即自主性地相信他們有取得預期目標的能力，而不是取決於對運氣的掌握。

外在動機指的則是從事活動的行為是為了取得外部獎勵或認可，這種動機通常會與內在的動機有所牴觸。外在動機源自於個體的外部，例如：分數、金錢、強迫、懲罰等。競爭整體而言是屬於外在動機，因為它鼓勵人們勝過其他人，而非享受行為內在的回報。社會心理學家的研究發現，外在動機可能會導致動機偏移（Over Justification Effect），即內在動機被削弱。實驗觀察中發現，有獎勵比沒有獎勵的孩子用來真正繪畫的時間少。對於不會有外在獎勵的孩子，外在動機被個體內在化，並以此滿足他們基本的心理需要。

因此，透過想要擁有健康的身體及心理，不讓本身處於疾病威脅所帶來的恐懼的「內在動機」，及提昇自我實踐與生活品質，達到保持健康目的之「外在動機」，擁有健康的動機，有助於健康的促進，在生理、心理、社會三方面獲得互動而均衡的效益，真正達到「全人」的發展。

☺ 第二節　健康行為與習慣

行為是指人類與其他生物的行動或動作的方式，或對環境和其他生物體或物體的反應。對生物而言，行為對適應環境上有很重要的意義，好的行為有助於避免受到負面的環境因素所影響；然而，在群居動物的社會裡，有一些行為是不被接受的。

習慣是指長時期所養成的不易改變的動作、生活方式、社會風尚等。廣義的習慣不僅僅是動作性的、生活方式性的或社會風尚性的，還包括人類所有的優點。好習慣要在生活中和實踐中培養、要抓住教育的關鍵期，好習慣要培養，壞習慣要改正。科學證明，當一個行為或動作每天都做，並且堅持21天，它就會變成一個習慣；而如果能持續90天，那麼它就會成為一個不容易改變的習慣。

一、健康行為

健康行為是指人們為了維持與促進身心健康、增強體質或避免疾病而從事的各種活動。它是個體為了讓身體、心理、社會適應等方面均處於良好狀態下的一種行為表現。

一般來說，健康行為可以分為日常健康行為（例如：適當的營養、充足的睡眠與休息、適量的運動、講究個人的衛生、保持規律的生活作息等）、保健行為（例如：定期身體健康檢查和預防接種、有病主動求醫、積極配合醫療護理、遵循醫師囑咐等）、預防性行為（避免導致健康受損的環境和事件，例如：避免環境中或飲食中危害物質的侵入、繫安全帶預防車禍對健康的損傷，以及安全的性行為等）及改變危害健康的行為（例如：戒菸、戒酒、戒毒、戒賭等）。其主要意義為「任何人為保有健康所採取的行動」，因此除一般醫療行為外，同時也泛指非醫療的日常活動，甚至積極一點的會進行健康促進行為，都是希望透過相關活動達到保持健康的目的。

二、健康習慣的養成

隨著生活品質的提昇，人們愈來愈重視健康。健康的身體要靠平時良好的生活習慣逐漸培養而成。習慣就是要天天做、不中斷，連續21天以上就能養成習慣。以下針對健康習慣的養成分述之。

(一) 全面均衡的營養

沒有任何一種食物能提供人體需要的全部營養素，因此，全面均衡營養的攝取，必須由多種不同的食品組成，即多樣選擇食物。美國食品及營養服務（2001）建議幼兒餐點建議是：低脂與低膽固醇、五穀類、蔬菜、水果及乳品應增加，糖及鹽要適量，整體食物的攝取則需多樣化。美國農業部2005年9月公布的幼兒金字塔食物指南，強調少食精緻的五穀雜糧，儘量以全穀類食品（例如：燕麥片、全麥麵粉或糙米等）取代；蔬菜以多食各種不同顏色（深色）為主；水果更是不可不放在心上，但儘量不要以果汁取代，除非是100% 現打新鮮的果汁；乳品是身體獲取鈣質的最佳來源，想要「頭好壯壯」，就不可不食用乳品（例如：牛奶、優格、優酪乳、起司等），但要確定是低脂或無脂的；肉類以瘦肉或低脂肉為主，並避免以油炸的方式調理，同時不要忘了，豆類（例如：堅果、種子、豌豆及菜豆等）亦是不錯的蛋白質來源；油脂與膽固醇雖是維持健康不可缺少的營養成分，但是應儘量從魚類、堅果或蔬菜油中獲得，並應避免過量。最重要的是「吃的健康、吃的正確、不忘運動、吃的有趣」。

(二) 持續及規律的運動

「活動、活動，要活就要動！」法國思想家伏爾泰亦言：「生命在於運動。」保持腦力和體力協調需要適當適量的運動，是預防和消除疲勞、保證健康長壽的一個要素。持續及規律的運動，對中老年人格外重要。中老年人好靜不好動，是導致肥胖、心血管和骨質疏鬆等疾病發生的危險因子。因此，中老年人進行持續及規律的運動，與營養均衡具有同等重要的意義。運動貴在持續及規律，重在適度及適量，正確的態度是把運動作為一日的必修課。至於運動的項目不必強求，可因人而異，步行、爬樓梯、游泳、慢跑等不必硬性規定，但是運動量一定要適度適量。持續及規律的運動讓美國心血管病患的死亡

率降低了25%，且持續及適量的運動一般都能使慢性病患者較早恢復
工作能力。

(三) 正常規律的生活作息

由於現代社會工作和生活節奏加快、負荷加重，隨之而來的是容
易發生疲勞和產生壓力。疲勞和壓力是二十一世紀危害健康的一個
重要因素。美國一項研究發現，壓力大可能會增加死亡率。負責該研
究的學者指出，壓力荷爾蒙可令血壓和血糖上升，或因此令長期受壓
的病患死亡率提高。但壓力大的人士多數有抽菸習慣，或本身體重較
重，故壓力與心臟病是否有直接關係，仍需要進一步研究。另外，生
活作息不正常，經常不間斷地工作，極易產生疲勞。生活作息規律是
預防和消除疲勞及壓力的一個重要方法，要牢記人體唯有在睡眠時才
是真正的休息，才會修補受傷的身體，所以不要熬夜。切記，沒有睡
眠就沒有健康。

(四) 健康習慣的養成

除了勤洗手、勤剪指甲、勤換衣、勤理髮、勤洗澡、不隨地吐
痰、不亂倒垃圾等一般的生活衛生習慣之外，還要自覺地養成不抽
菸、少飲酒、不食檳榔等良好的健康習慣。抽菸是造成很多疾病的元
凶，全世界每年因抽菸而死亡的人數多達250萬人。抽菸是一種不健
康的行為，戒菸可使心腦血管疾病的死亡率下降25～40%。不在公共
場合抽菸，不僅有益於健康，而且也是一種公共衛生觀念的體現。酒
中主成分是乙醇，適量的飲用可促進血液循環，消除疲勞，但以少量
為宜。臺灣每年有2,300人死於口腔癌，2013年為癌症十大死亡原因
第五位，九成的口腔癌患者都有嚼檳榔的習慣，因此，喝酒、抽菸加
上嚼檳榔，罹患口腔癌的風險是一般人的123倍。

🙂 第三節　健康的認知、態度及動機對健康行為與習慣養成的影響

　　能夠取得、處理及理解對於健康的一些基本常識，再以這些信息來作適當的決定（認知）；擁有健康的態度，能讓人類對健康的追求水準更向上提昇，甚至積極的進行健康促進行為（態度）；透過想要擁有健康的身體及心理，不讓本身處於疾病威脅所帶來的恐懼之中，以及提昇自我實踐與生活品質，達到保持健康的目的，擁有健康的動機（動機），能讓人們維持與促進身心健康、增強體質或避免疾病，讓身體、心理、社會適應等方面均處於良好狀態，進而做出正確的外在行為表現。人們愈重視健康，平時才會培養良好及健康的生活習慣。對健康有了正確的認知、態度及動機之後，才能知道如何去貫徹健康的行為，積極正向的持續和堅持這些正確的健康行為，天天做、不中斷，就能養成良好的健康習慣。

🙂 結語

　　如上所述，健康促進是因為生活水準提昇與壽命的延長，社會大眾逐漸重視生命的品質（Quality of Live），而非只是活得久；活得久，更要活得健康有活力。令人遺憾的是，各國所謂的「全民健康保險」，只有在生病的時候才能被動地（治療疾病，而非預防疾病的發生）保障其人民的健康。所以，如何積極主動地追求個人的健康，就成為一種流行、風潮，甚至一種生活品質，或者奢華的表現。1979年美國衛生、教育與福利部（U. S. Department of Health, Education and Welfare, 1979a）在「公元兩千年全民健康」的全球策略中，要求各國能修正健康政策及健康服務方向，促使人們擁有「正向積極的健

康」（Positive Health），而不再只是預防死亡或疾病的發生而已。從此在國際間興起健康促進的概念，並引起各國對健康促進的興趣及推展各項健康促進的活動。WHO，1984：Ottawa渥太華憲章將健康促進定義為（廣義）：「使人們能夠強化其掌控並增進自身健康的過程。」（Health promotion is the process of enabling people to increase control over and improve their health.）。上述這兩份報告，均把健康促進定義為生活型態的改變。

健康促進包括倡導個人和社區的健康認知，改變態度以促使行為的改變，以及尋求改善健康的方法。「增加對健康的認知」、「改變對健康的態度」及「引起對健康的動機」，才能建立正確的「健康信念」。健康促進透過衛生教育（Health Education）、預防（Prevention）及健康保護（Health Protection）三個層面的努力，來增強正向健康與預防負向的疾病，強調的是增進幸福安寧和生命的品質，而不只是壽命的長短。健康促進始於人們基本上還是很健康時，即設法尋求能協助人們採行有助於維護和增進健康的生活方式。醫療科技和健康服務的投資，不再是提昇健康的最佳途徑，取而代之的應是各類促進健康、預防疾病的策略和活動。

參 考 書 目

一、中文部分

陳美燕等（2009）。**健康促進與人生**。臺北：啓英。

王健等（2006）。**健康教育學**。北京：高等教育。

邱燕芬（2007）。**身體評估：護理上的應用**。臺北：華杏。

姜逸群等（1992）。**衛生教育與健康促進**。臺北：文景。

陳拱北預防醫學基金會（1994）。公共衛生學。臺北：巨流。

陳哲喜、林惠生、劉怡妏（2002）。**國人之健康行爲初探**。線上檢索日期：2015年1月。

楊菊賢（2001）。健康行爲的建立。**醫學與哲學**，22(3)，37-39。

陳慧珊（2012）。以健康信念模式探討影響家長重視兒童健康飲食行爲之相關因素。**中國醫藥大學醫務管理學系碩士班學位論文**，1-103。

林佳琪（2012）。臺北市幼稚園教師預防遊戲場所事故傷害相關因素研究：健康信念模式之應用。**臺灣師範大學健康促進與衛生教育學系學位論文**，1-153。

莊淑、鄭豐、聶喬齡（2012）。大專教職員工健身運動動機與健康信念對健身運動行爲的影響。**國立臺灣體育運動大學學報**，(1)，23-38。

黃淑貞（1997）。大學生健康信念、自我效能、社會支持與吸菸行爲研究。**學校衛生**，31，30-44。

陳盈芳（2004）。資料探勘技術應用於醫療資料庫之研究：臺灣地區老人健康認知，態度及行爲（KAP）與醫療服務利用之相關性探討。未出版碩士論文，國立中正大學企業管理研究所，嘉義。

黃耀鋐（2006）。臺中市健康體適能俱樂部會員參與動機、顧客滿意度及品牌忠誠度之調查。**運動事業管理學術研討會論文集**，(5)，75-87。

楊禎祺（1997）。全民健康保險高屏地區高使用頻率保險對象：就醫動機及行爲探討。**高雄醫學大學公共衛生學研究所學位論文**，1-67。

臺灣地區成人的健康行為探討：分布情形，因素結構和相關因素。中華公共衛生雜誌，14，1995，4: 358-368。

林佑眞、溫啓邦、衛沛文（2007）。臺灣地區成年人之休閒運動行為與健康行為、健康狀況、健康相關生活品質之關係探討。臺灣公共衛生雜誌，26(3)，218-228。

姜逸群（2006）。健康促進與生活型態。學校體育雙月刊，2011年11月。

陳哲喜、林惠生、劉怡妏（2002）。國人之健康行為初探。線上檢索日期：2009年3月。

晏涵文（2002）。學校健康促進計畫。臺灣教育，617，2-12。

湯慧娟、何明璇、林婉玉、吳建霖、王政梧、王暐博（2007）。健康促進生活型態與危害健康行為之相關研究。

黃淑貞（1996）。健康信念影響成人健康習慣之縱慣性研究。衛生教育論文集刊。

黃耀宗、陳東韋（2012）。行動計畫促成健康習慣的形成。中華體育季刊，26(4)，449-454。

趙依玲（2013）。檳榔、吸菸、飲酒習慣之死亡別及平均餘命影響：前瞻性社區追蹤探討。臺灣大學流行病學與預防醫學研究所學位論文，1-86。

二、英文部分

Bracht, N. & Kongsbury, L. (1990). *Community organization principles in health promotion: A five-stage model. In Health Promotion at the Community Level*, edited by Bracht, N. Newbury Park, CA: Sage Publishing.

Broe, G. A., Creasey, H., Jorm, A. F., Bennett, H. P., Casey, B., Waite, L. M., & Cullen, J. (1998). Health habits and risk of cognitive impairment and dementia in old age: A prospective study on the effects of exercise, smoking and alcohol consumption. *Australian and New Zealand journal of public health*, 22(5), 621-623.

Cha, Y. S. & Choi, S. H. (2013). A comparative study of health knowledge, health attitude and health behavior based on the hours of health education in middle school students. *Journal of Korean Public Health Nursing, 27*(2), 304-312.

David S. Gochman (Ed.). (1997). *Handbook of health behavior research I: Personal and social determinants* (Vol. 1). Springer Science & Business Media.

Dutta-Bergman, M. J. (2004). Health attitudes, health cognitions, and health behaviors among Internet health information seekers: Population-based survey. *Journal of Medical Internet Research, 6*(2).

Fleig, L., Warner, L., Gholami, M., & Schwarzer, R. (2014). "When I Exercise Regularly it is Easier for me to eat Healthily": the Role of Transfer and Compensatory Health Cognitions in Health Behavior Theory. *European Health Psychologist, 16*(S), 316.

Green, L.W. (1979). National policy in the promotion of health. *International Journal of Health Education, 12*(3), 161-168.

Hudd, S., Dumlao, J., Erdmann-Sager, D., Murray, D., Phan, E., Soukas, N., & Yokozuka, N. (2000). Stress at college: Effects on health habits, health status and self-esteem. *College Student Journal.*

James, D. C., Pobee, J. W., Brown, L., & Joshi, G. (2012). Using the health belief model to develop culturally appropriate weight-management materials for African-American women. *Journal of the Academy of Nutrition and Dietetics, 112*(5), 664-670. Squyres, W. D. (1985). *Patient Education and Health Promotion in Medical Care.* Palo Alto, CA: Mayfield Publishing.

Steptoe, A. & Kivimäki, M. (2012). Stress and cardiovascular disease. *Nature Reviews Cardiology, 9*(6), 360-370.

Von Bothmer, M. I. & Fridlund, B. (2005). Gender differences in health habits and in motivation for a healthy lifestyle among Swedish university students. *Nursing & health sciences, 7*(2), 107-118.

World Health Organization, 2006. *Constitution of the World Health Organization.* From http://www.who.int/ governance/eb/who_constitution_en.pdf (retrieved on Jan 16, 2015)

World Health Organization, 2014. *World Health Statistics.* From http://www.who.int/gho/publications/world_health_statistics/en/ (retrieved on Jan 16, 2015)

生理發展與保育方法
CHAPTER 2

⌣ 前言

　　幼兒時期的成長與發展十分迅速，錯過了這個階段，縱使補充再多的營養素，對腦部細胞發育與身體智能的發展，其幫助可說是微乎其微，所以，幼兒時期的生理發展與保育有其重要性。本章分別對幼兒身高與體重的發展、牙齒發展與保健，以及視力發展與保健作深入的探討。

⌣ 第一節　身高與體重的發展

　　身高與體重的發展是嬰幼兒身體發展的重要指標。一般而言，幼兒的個別差異比較大，所以身高與體重對幼兒來說，並沒有特定的標準，出生前的身高和體重受胎盤功能、母體營養、父母體型及種族特徵的影響。如果要衡量幼兒身高與體重的增加，應以第一次衡量時的數據為準；而身高和體重較大的幼兒，每個階段所增加的量，通常都會比身高和體重較小的幼兒要多。

　　新生兒的平均身高為50公分，一年後增加50%；體重則男生3,400公克，女生3,200公克，一年後增加2倍。前三個月，多數嬰兒會以每天30公克（或每月900公克）的速率增加體重。嬰兒期與幼兒期（5歲以前）比兒童期（5～12歲）增長得快些。青春期又出現第二次突增，以後增長速度開始減緩，直到發育成熟，骨骼鈣化完成後，身高即停止增長。

　　藉由測量身長（高）和體重，記錄一段時間後的曲線，可以用來幫助評估嬰幼兒的生長發育。多數嬰兒都在曲線圖中25～75百分位（percentile）的範圍內，假如體重或身長（高）是在90～95百分位範圍內，則表示嬰兒的體重或身長（高）已越過了90～95%的嬰兒。

因此，體重在90百分位上的嬰兒應加以注意，以防止其可能發展成為肥胖兒；相反地，如果落在5～10百分位範圍內，有可能是營養不良，應儘快找出原因。

一、身高的發展

身高（長）是指頭、頸、軀幹、下肢長度的總和，其比例在不同成長階段的幼兒是不一樣的，年齡愈小，頭和上半身的比例愈大；隨著年齡增長，下半身的增長速度會快於上半身。幼兒期是一生中兩個成長最快的階段之一。幼兒身高的增長速率，以出生後第一年最快，其次是青春期，再其次是3歲至6歲，是下肢發展最迅速的時期。

新生兒出生時的正常身高平均為49～51公分，通常男生比女生長，出生後的0～6個月，每個月增加約2.5公分左右。然後增加的速度會慢慢減少，出生後第一年身高（長）增加最快，前三個月約增加11～12公分，相當於後九個月的增加值，1歲時身高（長）約75公分，2歲時身高（長）約85公分，2歲以後身高每年增加約5-7公分。幼兒在1週歲時，身高約為初生時的一倍半，到4歲時，約為初生時身高的2倍。男孩的身高一直占有優勢。

以亞洲人而言，出生0～1歲之間的身高，大約可長到約25公分；1～2歲長高約12～13公分；2～3歲長高約7～8公分；從4歲開始，每年約長4～6公分；如果4歲以後每年身高成長少於4公分，就要特別注意。接著則要一直等到青春期才會有另一個成長的高峰，在這個階段，一年內甚至可以達到長高10公分的生長速度。

一般就身高而言，立位測量與仰臥測量值可相差1公分，故測量3歲以下幼兒的身高（長）時，必須以仰臥位的方式測量。2～7歲幼兒身高計算公式為其年齡×5 + 75公分。

二、體重的發展

體重是反映嬰幼兒生長與營養狀況的指標，最易獲得，但也是最容易波動。正常足月的寶寶，出生時體重爲2.5～4公斤左右，2.5公斤以下爲低體重兒，4公斤以上爲巨嬰。

出生後3～4天的嬰兒，會因爲生理性脫水〔大小便的排泄、水分從皮膚蒸發及從肺的呼出（呼吸）〕的關係，失去一些體重（約150～300公克），一般約7～10天就能恢復到出生時的體重。自此，足月的嬰兒在正常的狀況下，從出生到3個月，每天增加25～35公克；從3～6個月，每天增加15～20公克；從6～9個月，每天增加7～10公克；從9～12個月，每天增加5～7公克。嬰幼兒體重增加的速率與身高相仿，以第一年增加最快。一般而言，4個月爲出生時的2倍（約6～7公斤），1歲爲出生時的3倍（約10公斤），是成人體重的六分之一或七分之一；2歲時，體重約爲出生時的4倍（約12公斤）；3歲時大約是4.6倍（約13.8公斤）。2歲至青春前期，體重增加減慢，年增加值約2公斤。男孩的體重一直占有優勢。

不同階段嬰幼兒體重計算公式：

6個月以內體重 ＝ 出生體重 ＋ 月齡×600公克

7～12個月體重 ＝ 出生體重 ＋ 月齡×500公克

2～7歲體重 ＝ 年齡×2 ＋ 8公斤

表2-1爲WHO最新0～5歲嬰幼兒標準體重身高表。

表2-1　WHO最新0～5歲嬰幼兒標準體重身高表

年齡	男-體重（kg）	男-身高（cm）	女-體重（kg）	女-身高（cm）
出生	3.4	50.0	3.2	49.0
1歲	9.6	76.0	9.0	74.0
2歲	12.1	87.0	11.5	86.0

年齡	男-體重（kg）	男-身高（cm）	女-體重（kg）	女-身高（cm）
3歲	14.3	96.0	13.9	95.0
4歲	16.3	103.0	16.0	103.0
5歲	18.3	110.0	18.2	109.0

資料來源：作者自行整理。世界衛生組織（WHO）公布之「國際嬰幼兒生長標準」。網頁 http://www.who.int/childgrowth/en/

第二節　牙齒發展與保健

　　一般來說，牙齒的健康形式在早期就已形成建立，如果在形成期疏於照顧的話，則乳齒和恆齒的健康就會喪失，爾後就算接受再好技術的修補或配戴假牙，也無法和天然牙齒相比擬。牙齒可以咀嚼食物、幫助說話、輔助顏面外的輪廓，並會刺激牙齦、顎骨、顏面和頸部的生長發育等等。

　　臺灣5歲幼兒齲齒率高達79％，在經濟合作暨發展組織（OECD）國家中居第三位。衛生署自2004年起，就針對未滿5歲幼兒提供每半年一次價值500元的公費塗氟服務。塗氟可以增加牙齒對酸的抵抗力，並可抑制細菌生長和新陳代謝，達到預防蛀牙的目的。張開嘴，只要咬住氟膠牙托約1至2分鐘，半年內蛀牙就不會找上你，可以減少蛀牙的機會。當然，正確的刷牙及保持口腔衛生的良好習慣，仍是最重要的。

　　只可惜部分家長至今仍不知這項政策，根據2011年的最新調查，3至5歲幼兒每年至少塗氟一次的利用率只有39％。為了改變國內幼兒滿口蛀牙的現況，國健局將每半年塗氟一次的對象，由現行未滿5歲放寬至6歲，使用頻率也將增至每三個月一次，弱勢兒童更將延長12歲，增加受惠人數31萬人。

由上可知，牙齒的健康與全身的健康有牢不可分的關係，並且知道了「預防勝於治療」的重要性。兒童牙齒的健康，需要父母多費心思去注意、重視並定期檢查。牙齒保健要從小做起，父母的關心可使幼兒的牙齒多一分保障。

一、牙齒發展

乳齒與恆齒構造，基本上是相同的，大致分為三層：琺瑯質（牙釉質）是牙齒的最外層，也是人體最堅硬的組織；中間是象牙質（牙本質），是構成牙齒的主體；最內層則是齒髓腔（含血管和神經）（見圖2-1）。一般而言，乳齒的分布可以分為四個象限，每一象限包含5顆牙齒，共有20顆乳齒，恆齒（含智齒）則有32顆（見圖2-2）。

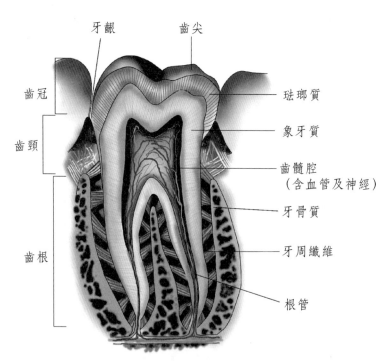

圖2-1　牙齒的結構

上齒

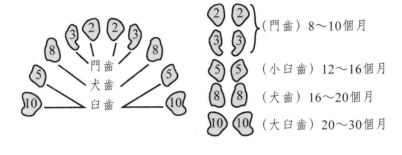

（門齒）8～10個月

（小臼齒）12～16個月

（犬齒）16～20個月

（大臼齒）20～30個月

下齒

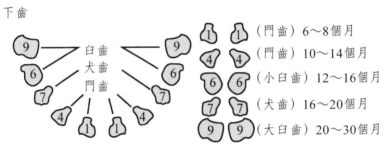

（門齒）6～8個月

（門齒）10～14個月

（小臼齒）12～16個月

（犬齒）16～20個月

（大臼齒）20～30個月

圖2-2　恆齒與乳齒生長順序圖

　　長牙是人類成長過程中一個重要的里程碑，大部分約在6～8個月左右長出的第一顆牙齒，是下顎乳前牙，接下來是上顎乳前牙、上顎側門牙及下顎側門牙（見圖2-2）。當上、下4顆門牙都長出來之後，就會開始長乳臼齒。牙齒的生長雖有其基本順序，但也並非絕對，倘若順序不同，不一定表示異常。每個小孩的體質、生長速度與狀況都不盡相同，因此，牙齒的生長時間也會有所差異，有些甚至到了1歲才長出第一顆牙，這都還在正常範圍內，不需過於擔心。

　　從6個月大長出第一顆乳齒，整個乳齒的發育過程約在2歲半～3歲左右完成，5～6歲左右開始換牙，一直到12歲左右牙齒全部換為恆齒，一般乳齒的壽命平均長達6～10年之久。如果長牙的時間比正常情況延遲得多，最好向專業牙醫師諮詢，因為牙齒發育遲緩是不少基因異常或罕見疾病的病徵。

二、牙齒保健

由於乳齒的琺瑯質與象牙質的厚度較薄，牙髓神經腔占了較大的空間（見圖2-1），以相同的蛀牙深度而言，乳齒很容易就蛀到牙髓，引發疼痛感，甚至是細菌感染。因為乳齒比恆齒更容易發生蛀牙，因此，乳齒的保健工作更是馬虎不得。因為嬰幼兒還無法自行做清潔口腔的動作，家長更應該有幫孩子執行牙齒保健的觀念。根據「2011年臺灣6歲以下口腔及衛生狀況調查」顯示，5至6歲齲齒盛行率為79.32%，逼近八成大關，而且隨著年齡增加，蛀牙問題卻似乎愈來愈嚴重。2013年6至18歲兒童調查發現，6歲時齲齒指數平均0.41顆，到了12歲卻一口氣躍升到2.5顆，超過2011年全球189國的平均值（見表2-2），與WHO訂定2010年5歲兒童90%以上沒有齲齒之目標仍有差距。

表2-2　歷年臺灣6歲以下兒童口腔健康狀況

年齡（歲）	齲齒盛行率（%）		
	1995年	2006年	2011年
1-2	5.09	7.25	7.09
2-3	60.12	40.12	31.40
3-4	75.00	58.11	61.55
4-5	89.13	72.59	78.05
5-6	89.38	73.65	79.32

資料來源：衛生福利部國民健康署 http://www.hpa.gov.tw/bhpnet/Portal/File/ThemeDocFile/201203140240116378/%E5%8F%A3%E8%85%94%E4%BF%9D%E5%81%A5.doc

牙齒有助於發音，使孩子口齒清晰完整。牙齒結構可以幫助孩子日後學習語言時，發音正確、口齒清晰。而一口整齊健康的牙齒，也可以讓孩子的成長過程充滿自信。因此，如何保有健康的牙齒就非常

的重要。不同階段（年齡）的嬰幼兒，有不同口腔清潔的方式，分述
如下：

（一）第一個階段：0～6個月

口腔清潔從0歲開始。大多數的人都以為，清潔口腔唯一的方法
就是刷牙，但因為嬰兒還沒有自己刷牙的能力，嬰兒的口腔清潔也
就經常被忽略，在兒童牙科中因而常見有齲齒或口炎問題的小患者。
在開始長牙前，家長要幫寶寶清潔口腔，可以利用小塊的紗布或棉花
棒，以溫水沾濕後輕輕擦拭舌頭、牙齦，以及口腔黏膜部位。

（二）第二個階段：6個月～1歲

待6～8個月左右開始長牙後，牙齒就要列入清潔保健的重點之
一，特別是在吃完東西和睡前這兩個時間。

牙齒的清潔同樣要先取一塊乾淨的紗布（或指套型乳牙刷），然
後將紗布以溫水沾濕並裹覆於食指，以水平橫向的方式擦拭乳牙，直
至無白白黃黃的牙垢，才表示清潔徹底。門牙緊靠者最好使用牙線。

（三）第三個階段：1歲～2歲半

後牙的臼齒長出後，即該用牙刷清潔牙齒，因為臼齒中央的凹槽
縫隙無法用紗布清潔，由於這個年紀的孩子吃的東西開始比較複雜，
有些食物可能會卡在牙縫，所以，牙線棒也是必備的工具之一。刷牙
前一定要先把手洗乾淨，才不會把細菌帶入孩子的口中。此外，最好
選擇光線充足的地方，才能清楚地看見孩子口中每一個部位。

牙刷的選擇則需按照孩子的年齡，一開始最好選擇刷頭小且刷毛
較軟的牙刷，一定要控制好適當的力道，清潔時先用乾紗布擦拭牙
齒外表面，再用牙刷清潔內側面，並以繞圈圈的方式清潔牙齒的咬合
面，最後再用牙線棒清潔牙縫。使用牙線棒時，另一隻手可拿著紗
布，牙線棒清出的髒物可沾黏到紗布上。因為這個年紀的孩子還不太

25

會漱口，這樣的清潔方式，清潔完後就不需要有漱口的動作。

(四) 第四個階段：2歲半～6歲

2歲左右，當孩子習慣「刷牙」這件事後，家長可以開始讓小朋友試著自己練習刷牙。但這個年紀的孩子還是無法將牙齒刷得很乾淨，大致上還是要家長幫孩子刷。所以在孩子刷完牙後，家長可以再幫孩子刷一次。過程中，家長可以教導孩子如何正確刷牙，在最後幫孩子「檢查」的階段，使用牙線為孩子的牙齒做徹底的清潔。

「氟化物」具有防止蛀牙的效果，有易蛀牙傾向的孩子，可以透過牙科醫師的評估，做牙齒表面塗氟的處理。平時則可以每日含氟錠或用含氟漱口水清潔口腔，以預防蛀牙的發生。

三、看牙注意事項

由於兒童的口腔發展和成人不同，而且兒童牙科的專科醫師都有接受過兒童在看診時所需要的幼兒心理照顧訓練（平均需增加3～5年的專業訓練），這些都是成人牙科醫師較為缺乏的部分。因此在為孩子挑選牙醫時，最好能夠選擇受過兒童牙科專科訓練的醫師。同時不要等牙齒不舒服才帶孩子到牙醫診所，愈小開始看牙、輕鬆看牙的經驗愈多，孩子的接受度也會愈高。早期發現早期治療，不要因為孩子害怕而心軟，否則問題愈拖愈嚴重，治療程序對孩子來說只會愈來愈可怕。

如果可以在學齡前就教導孩子正確的牙齒保健知識，並養成良好習慣，讓乳牙能夠健康發育，不僅可使恆齒長得更好，也可以減少日後需要矯正的機會。

四、嬰幼兒常見牙齒疾病

常見的口腔問題包括奶瓶性齲齒症、牙齦炎、病毒性口腔炎等，其中又以奶瓶性齲齒較難處理。

五、奶瓶性齲齒症

發生原因主要是不當的餵養方式所造成。很多家長會讓寶寶含著奶瓶或媽媽的乳頭入睡，但寶寶入睡後，唾液的分泌與吞嚥動作便會減少，容易造成殘留於口腔中乳汁的糖與細菌產生作用，形成齲齒（見圖2-3）。

對於奶瓶性齲齒來說，預防勝於治療，要培養良好的飲食習慣，不要讓寶寶含著奶瓶或媽媽的乳頭入睡。此外，要避免在寶寶的飲食中加入太多糖分，最重要的是養成每天清潔牙齒的習慣。

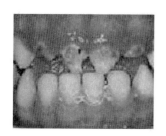 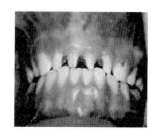

圖2-3　奶瓶性齲齒症

圖片來源：http://www.identalhub.com/dental-how-to-prevent-baby-bottle-tooth-decay-640.aspx

第三節　視力發展與保健

　　眼睛是我們重要的學習器官之一，也是人類探索世界的主要工具。視力不良不但造成生活不便，學習能力也會變差，更會妨礙個人日常生活，因此，做好幼兒視力保健，是父母、學校老師與社會的責任。國內學童通常小小年紀就有近視，屬於早發性近視，度數累積相當快。根據國民健康局委託臺大醫院於2010年調查，國小一年級學童有21.5%近視，六年級學童則大幅增加至65%，其中有3.43%已經是高度近視。2013年衛生福利部國民健康署國民健康調查發現，3～6歲學齡前兒童近視比例已提高至10%，近視問題日趨嚴重。由於高度近視會造成視網膜剝離和黃斑部病變，對眼球發育尚未完全的學童和青少年，及早控制近視增加，能有效預防高度近視的後遺症。

　　藉由家庭、學校、社教機構與衛生機構共同合作，家庭配合督導學生的作息、閱讀及看電視的正確方法，學校負責視力保健的督導和教學，社教機構藉傳播媒體宣導視力保健，衛生機構負責保健諮詢及診治，做好視力保健，人人都有好視力。

　　視力發展會影響寶寶的專注力與學習力，家長不可輕忽。多注意、多觀察，建立良好飲食與生活習慣，避免長時間閱讀、看電視、電腦，多帶孩子從事戶外活動，才能呵護孩子的靈魂之窗，以免錯過黃金時期，無法矯治。視力保健亦需要從小做起，父母與學校老師的關心可使幼兒視力多一分保障。

一、視力發展

　　人類並非一出生便擁有1.0的視力，而是隨著外界的刺激才慢慢發展出各種視覺機能。研究發現，視力發展是漸進的過程，出生後的前兩個月，嬰兒的眼睛外表雖與成人無異，不過視網膜黃斑部發育還

未完成，視力似未發展完全。嬰兒在出生時會有一點遠視，雖可以看到光及一些簡單的圖案，但在他眼前20公分以外的任何東西，對他來說是模糊不清的。隨著年齡慢慢增長，嬰兒原先只對二度空間（平面）的圖形有反應，但到了14週左右，小嬰兒可以辨識細線條，而且慢慢開始有深度感，開始注意東西的構造和深度了。

出生後到3歲這段時間，是視力發展（育）最重要的階段。剛出生的嬰兒，平均視力只有0.05～0.01之間，眼睛所見的大概是模糊的影像及微弱的光線；6個月大的嬰兒，眼睛漸漸會發展立體感及距離感，也會看到像鈕子般的小東西，對會動的東西非常好奇，也喜歡用手抓東西；1歲的視力可以到0.3左右，可追視物品和人，會對顏色產生興趣；3～6歲之前是眼球視力檢查的最佳時期，才能早期發現視力異常，並及時治療，家長應帶學童到眼科門診，主動瞭解學童的視力。此階段的幼童看圖畫書時會用手指出上面的圖案，也可能稍微會配合著圖案說出其內容；6歲小朋友的視力大多已發育完全，視力可達1.0；而到了10歲以後，視力則已發育成熟。另外，弱視治療的黃金期在3～6歲，及早發現，治療的效果最好。先天性的視力問題必須早期發現，否則矯正效果會大打折扣。

如何協助嬰兒視力發展，說明如下：

1. 在嬰兒眼前20公分的距離內，掛一些會晃動的東西（如會擺動的玩具）。

2. 適量而柔和的光線，提供物體足夠的照明，讓嬰幼兒可以辨認不同物體的形狀、大小、顏色等，可以幫助眼睛視力的發育。

3. 睡覺時不要把燈光都關掉，臥室內最好留盞小夜燈，讓嬰兒清醒時，眼睛能得到額外的練習。

4. 常變換嬰兒床的位置或改變睡覺的位置，感受不同角度的光線。

5. 在餵奶或換尿布時，不要總是抱或站在嬰兒的同一邊，最好

讓他能均衡使用兩隻眼睛，從不同角度吸引注意，以訓練眼球的靈活度。

6. 動眼運動，用一個球在他眼前前後來回滾動。

二、視力保健

　　臺灣學童的近視率高居世界第一，是名副其實的「近視王國」。以往兒童近視通常發生在國小中高年級，但近年來幼兒近視年齡直線下降且人數大幅增加。根據99學年度教育部統計在學學童視力的資料顯示，國小學童在小一近視的比率將近三成，到了國一更逼近七成。根據國民健康局委託臺大醫院於2010年調查，國小一年級學童有21.5%近視，六年級學童則大幅增加至65%，其中有3.43%已經是高度近視。2013年衛生福利部國民健康署國民健康調查發現，3～6歲學齡前兒童近視比例已提高至10%，近視問題日趨嚴重。根據調查，應與學齡前過早學習才藝、大量閱讀及過度使用3C產品有關。

　　數據顯示，3～11歲的兒童，在非假日平均每天使用3C產品的時間為128分鐘，假日則增加至2.1倍。家長對孩子使用3C產品的管控過於鬆散，甚至讓孩子在移動的車廂中、昏暗的環境內，長時間、近距離注視螢幕，是導致幼兒視力問題快速惡化的直接原因。尤其2歲以下的幼兒因水晶體較清澈，難以完全過濾藍光，過度使用3C產品恐將造成視網膜的永久損傷。每每長假過後，家長帶孩子到門診檢查視力，度數加深、斜視、弱視傾向的案例都有激增的情況。愈小得到近視，日後演變成高度近視的比例愈高，而高度近視最可怕之處是容易引起視網膜剝離、黃斑部病變、白內障、青光眼等併發症，最嚴重可能導致低視力或失明，因此不可輕忽3C產品對幼兒視力可能造成的嚴重傷害。

三、如何做好視力保健

(一)光源要充足

　　確保在燈光充足的環境下閱讀、繪畫及遊戲，照度至少350米燭光以上。閱讀燈放在你的後上方，如果用右手寫字，光線從左後照射，避免直接照射眼睛。選擇不反光的紙張，字體大小適宜、印刷清楚的讀物。桌面會反光時，可利用綠色墊板、置書架，減輕反光的問題。閱讀或近距離用眼時要加裝閱讀燈，不允許小朋友躺在床上看書。定期清潔燈光設備，尤其是重要位置的燈泡應在毀壞前換掉，這些燈泡可用作背景燈光。不要在昏暗的環境下看電視或玩電玩，儘量保持柔和的燈光背景，不要使燈光反射在螢幕上。

　　教室有足夠的光源 （天然光線及電燈光線），並需安裝窗簾，以防黑板反射及強光直接照射。座位靠近窗戶的學生要把窗簾調整好，確保太陽光不會直接照射在桌子上。確保在戶外有太陽光時配戴太陽眼鏡及有邊的帽子，預防眼睛受到紫外線的侵害。

(二)坐姿與距離

　　執筆、坐姿要正確，避免趴著看書、畫畫；使用符合幼兒身高的桌椅，採用可以調整高度的座椅為佳；眼睛與書本應保持35～45公分以上的距離；不要在搖晃的車中看書，且印刷品的字體不可太小。

　　與電腦螢幕的距離應比閱讀的距離更大，螢幕的頂部最好在視線水平下。椅子的挑選方面，直接讓小朋友使用家中電腦或書桌未必合適，最好使用可調整高度的椅子，使家中每個人都能舒適地使用電腦和書桌。

　　沙發與電視螢幕最少距離6至8倍螢幕對角線的距離，觀看電視的角度不超過電視左右30度，畫面的高度較兩眼平視約低10～15度，以俯視為佳，且不應該躺著看電視。

（三）適當的休息

觀看電視或玩電視遊樂器的時間不要過長，最好30～40分鐘休息5分鐘；不要凝視電腦螢幕太久，工作30分鐘便應起來伸展10分鐘；在休息時間不要閱讀或進行需要集中視力的工作，應多看一些窗外景物，眺望遠處。

充足的睡眠能讓眼部的肌肉與腦部的發展，達到完全的放鬆。根據國外的研究調查指出，睡眠期間完全熄燈比保留些微亮光造成近視的機會較低，因為睡眠期間的亮光仍會刺激睫狀肌的收縮，使其無法完全放鬆。

（四）定期的檢查

一般建議每半年檢查一次視力。老師在觀察學童上課情形及遊玩時，可能會發現學童視力問題的早期警訊，應及早把小朋友的視力問題告知家長。近視度數增加較快者，應1～3個月檢查一次（假設視力過去半年增加近視50度，就要一個月視力檢查一次）。

（五）戶外遊戲場

每日戶外活動2～3小時以上，親子共同預防近視，除藉此機會增進親子感情與互動外，亦可達到護眼、舒壓的功效。

遊戲時，依小朋友的年齡選擇適合他的安全玩具及遊戲，切勿給小朋友具有發射物的玩具，也不可讓小朋友燃放煙火或靠近燃放煙火的地方。不要靠近有熱鍋的路邊攤，以防熱爐中滾燙的熱油傷到自己。不直視正進行焊接工作的人，因為焊接時會釋放出大量紫外線幅射及強烈火光。

遊玩時如有沙塵進入眼睛，容易造成傷害，不要揉眼睛，應用大量清水沖洗至少15分鐘，並讓眼科醫師診治。如果眼睛不小心被外物擊中，應立即冰敷並儘快就醫診治，不要因為當下沒有任何症狀而

忽視，眼睛內部可能已經受到傷害。唯有專業的眼睛檢查才能在早期確定損傷的程度，讓治療更簡單、更有效率。

(六) 均衡的飲食

均衡的營養與豐富的維生素，經常攝取含豐富維他命A的食物，例如：胡蘿蔔、番茄、菠菜，或深綠色、深黃色蔬菜或水果。動物性食物則如雞蛋、肝臟（視黃醇）、魚甘油等。

結語

幼兒身高體重的發展、牙齒發展與保健，以及視力發展與保健，對幼兒時期的生理發展與保育有其重要性。近年來，國人飲食與健康問題並沒有隨著生活水準的提高，而得到該有的重視與關心。根據衛生署2009年的調查指出，國人的體重，尤其是幼兒的體重，有逐年增加的趨勢。目前臺灣6～12歲兒童的過重與肥胖比率是27.7%，男童是29.8%，女童是25.1%。學齡兒童每4人有1個體重過重或肥胖。如果到了青少年還是胖小孩，有超過三分之二機率會成為胖成人。因為肥胖、高血壓、高血糖、高膽固醇和高三酸甘油脂，為國民健康5項危險因子，而且如果符合其中3項因子時，就表示已有代謝症候群。體重過重者容易患有代謝症候群，包括高血壓、高血糖、高血脂，罹患糖尿病、腦中風和心血管疾病的比例也較高，年紀愈小過胖，甚至可能提早發生這些老人病。

根據「2011年臺灣6歲以下口腔及衛生狀況調查」顯示，5～6歲齲齒盛行率為79.32%，逼近八成大關；而且隨著年齡增加，蛀牙問題卻似乎愈來愈嚴重。2013年6～18歲兒童調查發現，6歲時齲齒指數平均0.41顆，到了12歲卻一口氣躍升到2.5顆，超過2011年全球189國的平均值，與WHO訂定2010年5歲兒童90%以上沒有齲齒之目標仍

有差距。

　　根據國民健康局委託臺大醫院於2010年調查，國小一年級學童有21.5%近視，六年級學童則大幅增加至65%，其中有3.43%已經是高度近視。2013年衛生福利部國民健康署國民健康調查發現，3～6歲學齡前兒童近視比例已提高至10%，近視問題日趨嚴重。

　　因此，唯有重視幼兒時期的生理發展與保育，透過適時的評估，早期發現，提早因應，這才是幼兒保育人員和家長們要共同努力達成的目標。

參考書目

一、中文部分

林美珍、黃世琤、柯華葳（2007）。人類發展。臺北：心理。

雷若琬等（譯）（2006）。人類發展學。臺北：滄海。

連心瑜編著（2006）。嬰幼兒保健與疾病護理。臺北：啓英。

馮瑜婷等編著（2005）。兒童疾病預防與照護。臺中：華格那。

王淑惠等著（2004）。幼兒生理學。臺中：華格那。

劉培新編著（2005）。幼兒生理學。臺北：群英。

施智尹等（2007）。新編幼兒營養與膳食。臺中：華格那。

曾如敏等（2014）。嬰幼兒健康評估。臺中：華格納。

洪久賢（2000）。兒童營養。臺北：五南。

陳姿媛（2012）。追蹤不同出生體重幼兒至四歲之生長狀況及飲食營養研究。臺灣師範大學人類發展與家庭學系學位論文，1-218。

宋怡慧、王藍浣、黃雅淑、徐永玟（2008）。臺灣五歲極低體重早產兒發展初探。職能治療學會雜誌，26(1)，1-18。

馬家蕙（2010）。追蹤臺北都會區不同出生體重新生兒至三歲飲食營養與生長發育之研究。臺灣師範大學人類發展與家庭學系學位論文，1-329。

王清香（2005）。臺灣上幼托園所與未上幼托園所幼兒齲齒狀況與牙齒健康行爲之探討。高雄醫學大學口腔衛生科學研究所碩士在職專班學位論文，1-144。

張瑛玫（2009）。全民健康保險兒童牙齒塗氟預防保健之成本效益分析：以縱貫性資料爲例。中國醫藥大學醫務管理學系碩士班學位論文，1-93。

俞錦萍（2005）。父母親心理衛生、乳牙齲齒指數與兒童行爲發展量表指數之相關性探討。高雄醫學大學口腔衛生科學研究所碩士在職專班（舊）學位論文，1-175。

林怡如（2006）。臺灣3歲以下嬰幼兒齲齒狀況、餵食、口腔衛生習慣與主照護者知識行為態度之探討。**高雄醫學大學口腔衛生科學研究所碩士班學位論文**，1-210。

范美萍（2013）。探討影響國小學童視力不良之相關因素：以桃園縣某國民小學為例。**清雲科技大學企業管理系暨經營管理研究所學位論文**，1-52。

曾小玲（2012）。臺北市國中生近視防治知識、態度、行為及其相關因素研究。**臺灣師範大學健康促進與衛生教育學系在職進修碩士班學位論文**，1-134。

林玉如（2007）。南投縣外偶、原民與一般學童生長發育及視力、牙齒健康狀態之比較研究。**亞洲大學生活應用科學學系碩士班學位論文**，1-85。

衛生署國民健康局（1986-2010）。**臺灣地區6-18歲學童屈光狀況之流行病學**。臺北：衛生署國民健康局。

祝年豐（2004）。臺灣國小學童營養健康狀況調查2001-2002；臺灣國小學童肥胖及其相關合併症流行病學。**國小學童營養現況**，283-296。臺北：行政院衛生署。

陳偉德（1994）。嬰幼兒身長發育的檢查：臺灣嬰幼兒體位現況。**臺灣醫界**，38(12)，25-28。

董世基金會食品營養特區：http://www.jtf.org.tw/nutrition/

二、英文部分

Britto, P. R., Engle, P. L., & Super, C. M. (Eds.). (2013). *Handbook of early childhood development research and its impact on global policy.* Oxford University Press.

Huybrechts, I., Himes, J. H., Ottevaere, C., De Vriendt, T., De Keyzer, W., Cox, B., De Henauw, S. (2011). Validity of parent-reported weight and height of preschool children measured at home or estimated without home measurement: a validation study. *BMC pediatrics*, *11*(1), 63.

De Onis, M. & Blössner, M. (2000). Prevalence and trends of overweight among preschool children in developing countries. *The American journal of clinical nutrition, 72*(4), 1032-1039.

Habicht, J. P., Yarbrough, C., Martorell, R., Malina, R., & Klein, R. (1974). Height and weight standards for preschool children: How relevant are ethnic differences in growth potential? *The Lancet, 303*(7858), 611-615.

Wang, P. W., Fang, L. J., Tsou, K. I., Taiwan Infant Developmental Collaborative Study Group. (2014). The growth of very-low-birth-weight infants at 5 years old in Taiwan. *Pediatrics & Neonatology, 55*(2), 114-119.

Hsieh, H. J., Huang, S. T., Tsai, C. C., Chiou, M. J., & Liao, C. T. (2014). Evaluation of a sealant intervention program among Taiwanese aboriginal schoolchildren. *Journal of Dental Sciences, 9*(2), 178-184.

Bhatia, S. K., Maguire, S. A., Chadwick, B. L., Hunter, M. L., Harris, J. C., Tempest, V., & Kemp, A. M. (2014). Characteristics of child dental neglect: A systematic review. *Journal of dentistry, 42*(3), 229-239.

Ngim, C. & Ngim, A. D. (2013). Health and safety in the dental clinic— Hygiene regulations for use of elemental mercury in the protection of rights, safety and well-being of the patients, workers and the environment. *Singapore dental journal, 34*(1), 19-24.

Schneider-Rosen, K. & Cicchetti, D. (1984). The relationship between affect and cognition in maltreated infants: Quality of attachment and the development of visual self-recognition. *Child Development*, 648-658.

Graven, S. N. & Browne, J. V. (2008). Visual development in the human fetus, infant, and young child. *Newborn and Infant Nursing Reviews, 8*(4), 194-201.

Van Evra, J. (2004). *Television and child development*. Routledge.

Deng, L., Gwiazda, J., & Thorn, F. (2010). Children's refractions and visual activities in the school year and summer. *Optometry and Vision*

Science, 87(6), 406.

Lee, C., Su, W., Lee, L., & Yang, M. (2008). Pediatric ocular trauma in Taiwan. *Chang Gung medical journal, 31*(1), 59.

Wu, P. C., Tsai, C. L., Hu, C. H., & Yang, Y. H. (2010). Effects of outdoor activities on myopia among rural school children in Taiwan. *Ophthalmic epidemiology, 17*(5), 338-342.

幼兒常見的健康問題
CHAPTER 3

☺ 前言

　　飲食、運動及作息作爲生理健康之三大支柱，對任何年齡層而言，皆爲不可動搖之鐵律。幼兒既處於人生中生長發育最快速之時期，此三大支柱的重要性不言而喻。同時，此三者牽涉到每日生活習慣，影響的不只是幼兒時期之發展，更是其一輩子的健康趨勢。如今令人憂心的兒童肥胖問題，與此三者皆有關聯。故而讓幼兒在飲食、運動及作息方面得到良好的照顧以及適切的規劃，是照顧者的基本責任，且應隨著幼兒自主性逐漸增長時，讓良好習慣潛移默化地在其生活中扎根。反之，若幼兒的健康出現狀況，除仰賴醫藥治療，亦應同時檢討平日習慣，找出其健康問題的源頭。再者，身心相互影響，擁有健康的身體，也能幫助培養健康的心理；身體若多病痛，心理也難開朗安定。因此，身心健全，乃是照顧者所能給孩子最大的祝福。

☺ 第一節　均衡飲食與營養

　　本節分別簡介重要營養素與幼兒飲食之關係，並針對幼兒膳食設計原則及幼兒常見營養問題進行說明。

一、重要營養素與幼兒飲食之關係

　　本節除一般所稱六大營養素外，亦介紹植物化合物及酵素。此兩者雖不屬必需營養素，但對於人體具有重要益處，現代人應有所認識。

（一）醣類

醣類因其結構不論大小皆可視爲碳（C）$_m$及水（H$_2$O）$_n$之結

合，故又稱「碳水化合物」（carbohydrate）。

1. 單醣

常見的單醣包括：

(1) **葡萄糖**（Glucose）：葡萄糖是生物界中最被廣泛利用之醣類。它不但是人體活細胞之直接能量來源，亦是腦細胞的唯一能量來源。其他單醣類雖然亦可被人體吸收，但仍需在細胞中被轉換為葡萄糖，方能產生能量。

一般而言，水果為人類飲食中葡萄糖含量較多的食物。其他葡萄糖來源可能為攝取其他醣類，再將之分解後的結果。另外亦有以商品形式販售之葡萄糖粉。

(2) **半乳糖**（Galactose）：食物中半乳糖通常是由乳糖消化分解而得。半乳糖需經代謝作用轉換為葡萄糖，方能被人體利用。若缺乏代謝所需酵素，會產生半乳糖血症，患者不適宜攝取乳製品。

(3) **果糖**（Fructose）：果糖為甜度最高之天然糖。天然果糖存在於水果、蔬菜及蜂蜜中，或由蔗糖分解而得。果糖亦需經代謝反應轉換成葡萄糖，然而，許多細胞並無管道接受果糖之進入。

果糖曾經被認為因不需胰島素作用而可直接進入細胞，適宜糖尿病人攝取。且因其甜度較高，僅需少量即可達到人們所喜愛的口味，是理想的「好糖」。然而，近期的研究發現，雖然天然食物所含果糖對人體無礙，人工果糖（即「高果糖玉米糖漿」）及含高果糖之加工食品，則因果糖無法如葡萄糖般抑制下視丘之活性，傳達飽足訊號，故與肥胖高度相關。另外，與果糖攝取過量有關的疾病尚包括脂肪肝、心血管疾病、痛風，甚至老年失智與胰臟癌。

2. 雙醣

常見之雙醣包括：

(1) **麥芽糖**（Maltose）：麥芽糖顧名思義存在於麥芽中，亦可由澱粉在口中被唾液澱粉酶分解而得，也就是主食類食物經咀嚼後會產生甜味的原因。其結構由兩個葡萄糖分子組成。

(2) **乳糖**（Lactose）：乳糖存在於哺乳動物的乳汁中，由一個葡萄糖及一個半乳糖分子組成。哺乳類動物於嬰兒時期以母乳為主要食物，故腸道有乳糖酶以消化乳糖。然而斷奶後，依民族飲食習慣之不同，部分人口之乳糖酶會逐漸減少，使個體無法再消化乳糖，而產生「乳糖不耐症」，牛羊豬狗亦然。由於不被消化的乳糖在腸道中成為產氣細菌的食物，故會伴隨有排氣、腹瀉等腸胃道症狀。本國之乳糖不耐症人口頗高，依年齡層及取樣不同，估計在70%以上。

(3) **蔗糖**（Sucrose）：蔗糖存在於甘蔗及甜菜根中，由一個葡萄糖及一個果糖分子組成。平時食用的糖，包括白糖、紅糖、黑糖、冰糖、方糖及糖粉，皆為蔗糖。蔗糖雖可提供熱量，但現今兒童飲食習慣中，亦容易因攝取過量的蔗糖而導致肥胖。蔗糖也比其他糖類更易造成蛀牙。

3. 寡醣（Oligosaccharides）

由三至十個單醣組成之化合物，稱為寡醣。寡醣具有甜味，其性質則與膳食纖維相似：

(1) 不能被人體腸道吸收，故不會造成血糖升高。

(2) 可作為腸道益生菌的食物，改善腸道環境。而腸道環境健康不僅有助於消化及排泄，亦同時與免疫力有關。

(3) 因分子較大，不易被口腔細菌分解，相對不易造成蛀牙。

母乳中含有相當高濃度的寡醣，可促進嬰兒腸道功能，並提昇免疫力。植物、蔬菜、水果亦為理想之寡醣食物來源。

4. 多醣（Polysaccharides）

多醣通常由四十至三千個單醣組成。常見的多醣包括：

(1) **澱粉**（Starch）：澱粉為植物儲存葡萄糖之形式，亦為人類各文明中主食（例如：米、麥、玉米、馬鈴薯等）的主要成分。澱粉經唾液澱粉酶、胰澱粉酶及小腸雙醣酶分解後，即可得到葡萄糖，經腸壁吸收進入體內。

(2) **肝糖**（Glucogen）：肝糖為動物儲存葡萄糖之形式，存在於肌肉及肝臟中。相對於澱粉作為人類之主食，肉類事實上卻無法提供肝糖作為營養素，因為動物在遭受屠宰時的壓力及掙扎會消耗掉肌肉中的肝糖。即使有少量肝糖在動物死亡後留下來，亦會轉變為乳酸。

(3) **膳食纖維**（Dietary Fiber）：由於膳食纖維為植物細胞壁之成分，故僅存在於植物性食物中，但精緻食品，例如：白米、白麵、白糖等則缺乏。膳食纖維因分子結構特性，無法被人體消化。然而正因如此，對於「有進有出」的事情，膳食纖維便扮演了不可取代的重要角色。現代人的膳食纖維普遍攝取太少，孩子常吃的甜點、零食、速食、飲料固不待言，常見早餐組合也時常忽略是否含膳食纖維。甚至連高級酒席中，大魚大肉占有十分之九，膳食纖維餐點卻只剩最後已吃不下的水果，代表國人對於均衡飲食的觀念仍相當偏差。

(4) **其他多醣體**：某些植物所含的多醣體，例如：β-聚葡萄醣，對免疫提昇、降膽固醇、抗癌等具有作用。β-聚葡萄醣雖為巨大的多醣結構，但卻可藉由腸黏膜上皮的抗原轉運細胞以胞飲作用方式進入淋巴系統內。其食物來源包括燕麥及其他穀類、海帶和許多菇蕈類。

(二)蛋白質

蛋白質由胺基酸構成，在人體中為身體結構（例如：肌肉、軟骨、頭髮等）及許多生理功能（例如：作為酵素、作為抗體、訊息傳遞、運送物質、維持滲透壓等）之重要成員，故在幼兒成長期的重要性不言而喻。以下針對關於蛋白質的重要觀念進行說明。

1. 必需胺基酸

(1) **種類**：一般所稱之必需胺基酸有9種，然對嬰幼兒而言則為12種，所差之3種為半胱胺酸（Cysteine）、精胺酸（Arginine）及酪胺酸（Tyrosine），稱為「半必需胺基酸」。

(2) **來源**：蛋白質是細胞的必要成分，因此存在於多數天然食物中，包括動物性及植物性。含有全部必需胺基酸且含量豐富的食物包括蛋及大豆，惟大豆之甲硫胺酸含量偏低。

2. 完全蛋白質

動物性食品如肉、蛋、奶類含有所有必需胺基酸，且比例足夠人體補充所需，屬於完全蛋白質。不過，不完全蛋白質食物雖然缺乏某種胺基酸，但一般人一天內所吃食物並非單種，因此可用「互補」概念彌補。例如：許多民族傳統飲食中皆有穀類及豆類同吃之例子，便是可攝取到高含量完全蛋白質的方法。

3. 蛋白質與食物過敏

某些蛋白質食物（例如：小麥麩質）在消化過程中被切成人體無法分解的多肽類，可能導致某些特殊體質的人產生過敏反應。因此，嬰兒在初次接觸副食品時，需要非常小心，且高蛋白食物應較晚開始給予。

4. 蛋白質需求量

以每公斤體重來算，嬰兒期的蛋白質需要量較大，隨著年齡漸增而遞減。1～3歲的幼兒每日所需蛋白質約為1.2g／kg，4～6歲則為

1.1g／kg。舉例來說，一位3歲15公斤的孩子，一日蛋白質需求量為
1.2×15 = 18(g)，而一顆雞蛋（約45g）便有約20g的蛋白質，因此，
蛋白質雖重要，但對於富裕的臺灣而言，少有攝取不足的問題。倒是
攝取過多時的肝腎負擔以及影響鈣質吸收等問題，反而是現代人所應
關心的議題。

(三) 脂質

脂質在人體中扮演著重要的角色。然而，如今人們談油和膽固醇
色變，也實在是因為攝取過量，反而造成健康問題。以下分別加以探
討。

1. 攝取量

嬰兒食品一般不會太油，但幼兒一旦開始進入成人飲食，其不良
習慣便與成人相同。油炸類（例如：炸雞、鹽酥雞、薯條、洋芋片）
及糕餅類（例如：餅乾、蛋糕、酥皮麵包及糕點）充斥在國人每日飲
食中，非常容易造成油脂攝取過多。

2. 飽和脂肪酸

飽和脂肪酸容易在血管中結塊堆積，造成心血管疾病。大多數的
動物油屬於飽和脂肪酸。現在一般家庭烹調雖少用動物油烹調，但在
食用肉類時，自然會吃下動物脂肪。

3. 高溫烹調

高溫炸煎，尤其如果使用植物油，有可能產生自由基，危害細
胞。偏偏許多兒童喜愛的食物都與油炸有關。

4. 反式脂肪

利用人工方式將順式脂肪酸之結構轉變為反式結構，使其性質較
為穩定，如同飽和脂肪酸。然而如此一來，反式脂肪不但有飽和脂肪
易造成心血管疾病的缺點，且因非天然物質，在人體中代謝困難，容
易囤積，反而成為更大的危害。反式脂肪可見於速食、零食、奶精等

45

廉價或垃圾食品中。丹麥已於2003年立法禁止反式脂肪含量爲2%以上的食品上架販賣；美國則在規定需於食品包裝上標示其含量之後，如今決定全面逐步淘汰反式脂肪的使用；臺灣則自2008年起規定市售包裝食品皆應標示反式脂肪酸含量，但因含量在千分之三以下可標示爲0，因此其實有模糊空間。

(四)維生素

維生素又稱維他命，雖然不能產生能量，每日所需量亦不多，但爲身體中許多生化反應所必需，且身體不能自行合成，必須由食物中攝取（維生素D爲例外）。維生素種類，目前命名的有維生素A、B群、C、D、E、F、K。其中，維生素F即上一節所介紹之必需脂肪酸。常見的維生素攝取問題包括：

1. 攝取不足

維生素存在於天然且完整的食物中。加工食物如零食、甜點，維生素含量已趨近於零。而精緻食物如白米，其重要維生素也已被去除。維生素C更是最易受熱破壞的營養素，因此，生食水果是最好的獲取途徑。

缺乏維生素，將使得許多生理功能無法進行。以下舉例說明：

(1) 缺乏B群，則產能營養素無法進入產能循環，只好不斷囤積，使身體發胖，人卻又總是感到疲勞。

(2) 懷孕婦女若葉酸及B12攝取不足，可能導致胚胎神經管缺陷。

(3) 缺乏維生素C會影響傷口癒合功能及抗氧化功能、鐵質吸收率降低、免疫力下降等。

(4) 缺乏維生素A會造成夜盲症、乾皮病等。

(5) 維生素D是免費的營養素，晒太陽即可獲得。但若幼兒日晒不足，使維生素D缺乏，便會造成佝僂症、軟骨症。

(6) 維生素E缺乏可能會使神經、免疫等方面功能失調，或紅血球遭破壞。

2. 攝取過量

由天然食物中攝取維生素通常沒有過量問題。然而，現代飲食營養不均，因此，許多人非常依賴營養補充劑，便可能有攝取過量而導致中毒的問題，尤其是脂溶性維生素A、D及E。以下舉例說明：

(1) 維生素A過量的症狀包括嬰幼兒頭骨異常軟化、嬰兒凶門凸起、視力模糊、骨痛等。

(2) 維生素D過量會因高鈣血症而有厭食、噁心、嘔吐等症狀，嚴重者會導致腎臟衰竭。

(3) 維生素C雖是水溶性，但兒童仍可能攝取過量而導致消化道症狀，包括噁心、嘔吐、腹痛及腹瀉。偏偏許多市售維生素C看起來、吃起來都像糖果，容易讓兒童食用過量。若一定要吃，成人一定要小心監督。

(4) 維生素E過量會導致出血風險，以及維生素K缺乏。

(五)礦物質

人類所需礦物質種類繁多，而對嬰幼兒最重要之五種礦物質則為鈣、鐵、鉀、鋅、鎂。如同現代飲食容易造成維生素不足，在礦物質的攝取方面也有類似問題。以下針對上述五種礦物質說明其攝取缺乏症狀。

1. 鈣

鈣是人體中含量最高的礦物質，對骨骼的生長發育至為重要。奶類一向被認為是鈣質攝取的最佳來源，不過現在卻陸續有許多研究質疑牛奶中鈣質的吸收率，並以美國人大量喝牛奶仍無法降低骨質疏鬆症之罹患率、而許多貧窮國家不喝牛奶也無肉可吃卻無骨質疏鬆問題為證據。維生素D可幫助鈣質之吸收。

2. 鐵

嬰幼兒在發育期時若紅血球缺乏，使氧氣供應不足，會造成生長遲緩。維生素C則可幫助鐵質吸收。

3. 鉀

鉀缺乏會影響神經健康、心跳規律、肌肉收縮，以及細胞內外滲透壓的平衡。

4. 鋅

鋅缺乏會使免疫力降低，細胞修復速度變慢。

5. 鎂

鎂缺乏會影響數百種酵素活動，以及細胞複製。

(六) 水

人體不可缺水，嬰幼兒身體的水含量更高達70～80%。喝水的重要性人人皆知，然而對水的選擇與水量之確保卻不一定被落實。以下針對水質及水量作探討。

1. 水質

不同來源的水，在肉眼觀察下或許皆為無色無味透明液狀，看不出任何差別，但事實上，水的種類關係喝水品質甚鉅。若喝了不適當的水，反而愈喝愈缺水。

(1) **自來水**：一般家庭最直接的水源為煮沸過的自來水，即白開水。臺灣自來水公司有一系列淨化程序，包括加氯消毒，確保水質飲用標準，在淨化過程中亦未排除水中礦物質，只是不像部分國家的水可直接生飲。自來水一般為中性。

(2) **礦泉水**：我國經濟部標準檢驗局對於包裝礦泉水有嚴格定義，包括水源、內含組成及其衛生等，以與一般飲用水區分。生物喝水不只是為了H_2O，同樣重要的是還能連帶飲入水中所含之礦物質。礦物質不僅為人體必需營養素，還能使

水的pH值偏鹼性，與血液之酸鹼質相近。有價值的礦泉水更含有珍貴微量元素，且因來自無汙染的大自然，帶有山川靈秀的氣息，入口滑順甘美。惟需注意未經處理的山泉水並不能保證其潔淨度，尤其不能給幼兒生飲。

(3) **純水（蒸餾水／逆滲透水）**：水質潔淨為基本要求，但完全「乾淨」並非好事。使用蒸餾法或逆滲透法獲得的純水，不僅清除了雜質及細菌，亦排除了水中寶貴的礦物質。無礦物質的水，理論上應為中性，但因實際上會溶入空氣中之二氧化碳而變為酸性，喝了反而有害無益。

2. 水量

(1) **初生兒**：六個月前從母乳中攝取水量即已足夠。神奇的母乳在哺餵前段時水分較多，便是為了讓嬰兒解渴。1歲以前的嬰兒，腎臟發育尚未成熟，排水功能不佳，故餵完奶後可用少量水讓寶寶漱口，但不要大量給水，以免造成水中毒。

(2) **1歲以上幼兒**：1歲以上幼兒的喝水量，不同的醫師或學者有不同公式可幫助計算。一般而言，在1歲時每日攝取水量至少需達1,000ml，若天氣熱或活動量大時更需增加。由於所計算出之數值其實包括食物中的水分，在實際生活中不易確實測量，因此需借助觀察幼兒皮膚、嘴唇、排尿量等方式來幫助確認喝水是否足夠。

(七) 其他有益健康的食物成分

六大營養素之外，食物中還有許多其他成分亦有益於人體健康。雖然尚未歸類為必需營養素，但若希望能吃得更健康、更有品質、更能在這汙染嚴重的環境中生存，此部分的觀念及知識會有很大的幫助。

1. 植物化合物

植物在大自然中承受日晒、風吹、雨淋、蟲咬而能屹立不倒，必然含有能對抗各種嚴苛環境考驗之成分。植物化合物指的即是植物中的天然物質，且對生物體有重要作用者。其作用包括抗氧化、修復組織、抗癌、抗發炎及其他生理功能。以下介紹幾種現在已知且重要的植物化合物。

(1) **黃酮類化合物**：為植物化合物中非常龐大的家族。常被提到的兒茶素、花青素、原花青素、異黃酮等，皆屬此類。

- 兒茶素：可抗氧化、抗菌、預防蛀牙。綠茶中含量最多，烏龍茶次之，紅茶則非常少。然而，由於咖啡因對兒童神經系統作用太強，故兒童不宜喝茶飲（亦不應喝咖啡及可樂）。可可中亦含中量兒茶素及其他植物化合物，故黑巧克力被稱為有益健康的食物，惟咖啡因之故，幼兒亦不宜食用。

- 花青素：為天然抗氧化劑，存在於許多紅色、藍色或紫色蔬果中，例如：藍莓、草莓、覆盆子、蔓越莓、紅／紫葡萄、紅高麗菜、紅洋蔥、茄子等。

- 原花青素：具抗氧化功能，存在於葡萄籽及葡萄皮、肉桂、花生皮、蘋果及可可中。

- 異黃酮：具抗氧化功能，且對腦部功能有正面效益，存在於大豆中。

(2) **茄紅素**：可抗氧化，並減少紫外線對皮膚的傷害，存在於番茄、葡萄柚、西瓜、芭樂、杏桃、胡蘿蔔中。

(3) **葉黃素**：構成眼球黃斑部顏色，可吸收藍光以防止眼睛傷害，存在於菠菜、蘿蔓生菜、紅椒、芒果、橘子、奇異果、桃子、南瓜、木瓜、地瓜中。

(4) **葉綠素**：葉綠素在植物中參與光合作用，將陽光能量轉換為

葡萄糖;在人體中則參與清血、造血、清毒、抗發炎、抗感染、修復傷口、促進益生菌生長、鹼化體質等多種工作,益處不勝枚舉。葉綠素存於所有綠色蔬菜中,深綠色者含量尤其豐富。

(5) 木質素:具抗氧化及抗發炎功能,存在於亞麻仁籽及芝麻中。

2. 酵素

酵素負責生物體內所有生化反應,可以說沒有酵素便沒有生命。消化酵素可幫助食物消化,代謝酵素則幫助代謝反應進行及細胞修復工作。

酵素之結構為蛋白質,然而並非每餐攝取蛋白質,即可提供身體永續製造所需酵素。事實上,若食物中含有不易消化的高蛋白及高油脂,反而消耗大量消化酵素,影響身體其他代謝反應,造成疲倦和肥胖問題。

所有活細胞中皆含有分解自身所需的酵素。然而,酵素在48°C便會被破壞,故唯有生食者可節省消化酵素之損耗。然而現代飲食,尤其中式飲食,幾乎以熟食為主,因此,水果(尤其木瓜、鳳梨及香蕉)以及醋或酵素飲等釀造產品,便成為珍貴的酵素來源。

二、幼兒膳食設計原則

膳食設計之目的為確保均衡營養素之攝取。每一餐或至少每一天之總飲食,應包括六種營養素。例如:「互補蛋白質」若非同一餐食用,而是在24小時內分別攝取,亦仍能被身體組合利用。需注意的是,醣類中「可消化、作為人體能量來源」者,與「不可消化、但有益腸道健康」者,功能完全不同,應分別看待,故實際上應以「七大營養素」的觀念作規劃。而植物化合物及酵素的重要性,亦應被放在

膳食規劃中。

(一)一般幼兒膳食設計原則

1. 哺乳期

母乳是對嬰兒最好的食物。母乳中有一切嬰兒所需之營養，包括醣類（乳糖提供熱量，寡糖則是整腸）、所有必需及半必需胺基酸、所有必需脂肪酸、磷脂質、膽固醇、所有維生素、各種礦物質（包括鈣、鈉、鐵、鋅、氯、磷等），甚至還包括可幫助脂肪消化的脂肪酶、可增加免疫功能的免疫球蛋白及白血球，以及數種荷爾蒙。各營養之比例乃爲幼小人類所設計，且隨著孩子逐漸長大，母乳成分亦會改變，以符合其成長發育所需。其他動物之乳汁（例如：牛奶）則是爲該種幼小動物（例如：小牛）所設計，故與人乳不同。

世界衛生組織建議嬰兒6個月大以前完全以母乳哺育。研究顯示，以母乳哺育之幼兒，不僅免疫力較強，在過敏、蛀牙、日後過胖等問題上發生率較低，且智力也較高。

2. 副食品（固體食物）

母乳雖好，但由於是母親氣血精華，若無限量供應，則母體終將消耗太過，因此，孩子終需離乳（斷奶）。

嬰兒約4～6個月大時，需於母乳之外逐步添加副食品。副食品基本上爲一般食材，只是在製作上需顧及嬰兒牙齒及身心發育，其添加原則如下：

(1) 每次僅新加入一種食物，並小心觀察幼兒過敏反應（詳見後文「(五)食物過敏」）。

(2) 添加順序以米糊優先，再逐步加入蔬菜泥、水果泥、蛋黃泥。魚肉類及蛋白應較晚添加（詳見後文「(五)食物過敏」）。

(3) 除水果爲生食果汁或果泥外，其他食物皆需確實煮熟，以免

幼兒食物中毒。

(4) 此時幼兒少有特殊口味好惡，故不需添加調味料，而應以食物原味為主；否則一旦將幼兒口味養重，未來挑食的可能性便會增加。

3. 較大幼兒膳食

較大幼兒基本上與成人一同進餐，因此，食物與成人相似。此時，幼兒的營養便與成人自身飲食習慣息息相關。

除了前文所述營養素均衡原則外，中醫理論中亦講究五色：綠、紅、黃、白、黑（紫色屬之），以及五味：酸、苦、甘、辛、鹹之均衡，以其各有所歸臟腑之故。惟應注意：(1)各種味道需適切，不應過酸、過苦、過甜、過辣或過鹹；(2)五味均衡並不代表需在同一餐並存，以其性質各有發散及收斂之不同故。

五味中，由於甘味入脾，而幼兒脾胃弱，故幼兒喜甜食乃是正常。只是若以糖果、巧克力、餅乾、西式糕點、含糖飲料等為甘味來源，一方面甜味太過，二方面營養貧乏，因此並非最佳選擇。而中式甜點如綠豆湯、紅豆湯、芝麻糊、杏仁茶、蓮子湯、銀耳紅棗湯、八寶粥、豆花，以及各種天然餡料之糕點或麻糬，相較之下則更符合食補原則。

(二) 素／蔬食幼兒膳食設計

隨著全球不論因健康、環保或宗教而帶起的素／蔬食風潮，幼兒素食人口亦有逐漸成長的趨勢。素／蔬食在健康方面的益處包括：

1. 動物性蛋白質易引發文明病

柯林‧坎貝爾博士與在中國大陸24省69縣、耗費40餘年執行《中國健康調查報告》、並集結成書《救命飲食》，顛覆了以往我們對肉食及蛋白質的認知。在研究中發現，動物性蛋白質，包括牛奶中的酪蛋白，是造成許多文明病，包括癌症、糖尿病、心血管疾病、骨

質疏鬆、多發性硬化症、老年癡呆症等的元凶。已開發國家動物性蛋白質的過量攝取，亦造成文明病年輕化的趨勢。而植物性飲食，即使蛋白質攝取量相等，卻沒有上述問題。

美國「責任醫藥內科醫委員會」的「健康飲食（Food for Life）」計畫亦提出新四類食物：全穀類、豆類、蔬菜及水果，以取代傳統的五大類食物：五穀根莖類、魚肉蛋奶豆類、油脂類、蔬菜類及水果類。

2. 某些營養素僅能由植物中攝取，或植物來源較動物來源普遍且廣泛

多數營養素在動植物中皆有，例如：蛋白質、必需脂肪酸、維生素B_1、B_2、B_3、B_5、B_6、礦物質如鈣、鈉、鉀、鐵、磷等。而某些營養素則僅能由植物中攝取，例如：醣類、膳食纖維，以及各種抗氧化劑如花青素、茄紅素、葉綠素、葉黃素、兒茶素等。維生素C、E亦以植物為主要來源，動物中即使含有也十分微量。目前認為唯一存在於動物中的營養素為維生素B_{12}，但亦有爭議。

3. 現代畜牧業飼養方式使肉質品質堪慮

為滿足人們肉食需求，現今飼養方式已工廠化，而非印象中童話故事所描述的，在陽光充足的農場裡，動物們自由走動、和樂相親、安享天倫之畫面。動物們擠在狹小的空間中，被施以生長劑、食慾促進劑、抗生素等藥物，終其一生不但不得運動，且心情抑鬱，加之被屠宰時驚恐萬分，不知在體內累積了多少毒素。雖然植物性食物亦有農藥問題，但一來人們可選擇有機作物，或將食材仔細清洗乾淨；二來動物所食之飼料也是含有農藥、或被過度施肥、或被重金屬汙染的作物，甚至是根本屬於垃圾類的餿水，而動物吃這些食物，人再吃動物，層層汙染，層層轉嫁，令人不能不深思。

然而，許多人對於吃素一事，容易有營養不良之憂心。事實上，

如果尚有食用蛋或奶，則全營養之疑慮，尤其最常被提出的維生素B_{12}不足問題，便完全可以放下。而即使為全素，其實也可以攝取到完整營養。美國營養學會及美國小兒醫學會皆表示，純素飲食可促進嬰兒正常生長。由國內31位醫師、護理師及營養師合著的《關鍵飲食》一書亦闡明，素／蔬食對嬰幼兒、孕婦、青少年、成人、老年人、甚至運動員，都有無比的益處。只要能把握以下原則，素／蔬食不但沒有營養不良的問題，更能避免動物性食品附帶之肉質汙染、高蛋白文明病以及過敏問題。

1. 均衡搭配根、莖、葉、瓜果、穀類、豆類、堅果類及蕈菇類，以及各種顏色的食物

素／蔬食不能只是不見肉而已。如同「新四類飲食」所規劃，要有營養均衡的一餐，便需包含六（或稱七）大營養素。最常引起關切的蛋白質攝取問題，如為奶蛋素、奶素或蛋素者，則完全無須擔憂。若為全素，則可應用「互補蛋白質」概念，如穀類搭配豆類的方式解決，所獲取之蛋白質甚至品質更佳。

簡略而言，根莖類富含澱粉，葉菜類及水果類富含膳食纖維及維生素，穀類、豆類及堅果類含有豐富的各種營養，且堅果亦含優質油脂，蕈菇類則有多醣體。各色蔬果更代表著不同的維生素、礦物質及抗氧化劑。雖然同一餐內不一定能每類兼顧，但各餐之間需注意食材種類的變化及平衡，不能偏食。

2. 多瞭解成長中幼兒所需營養素及其植物性食物來源

表3-1為針對幼兒成長期特別需要所列出之營養素，以及其植物性食物來源。如為蛋奶素，則蛋與奶包含有表中絕大多數的營養素項目。

表3-1　嬰幼兒必需營養素的植物性食物來源

營養素種類			植物性食物來源
蛋白質	必需胺基酸	苯丙胺酸	大豆、芝麻、葵瓜子
		纈胺酸	大豆、扁豆、黑豆、花生、馬鈴薯、花椰菜
		蘇胺酸	大豆、扁豆、豇豆、花生、亞麻仁籽、芝麻、杏仁、核桃、四季豆
		色胺酸	海帶、大豆、芝麻、菠菜、葵瓜子
		甲硫胺酸	燕麥、小麥胚芽、紅椒、洋蔥、蒜頭、花椰菜
		白胺酸	大豆、芝麻、葵瓜子、南瓜子及其他種子類
		異白胺酸	大豆、黑豆、扁豆
		賴胺酸	大豆、黑豆、扁豆等豆類；花生、杏仁、開心果、榛果等堅果類；馬鈴薯；花椰菜
		組胺酸	米、麥、豆類、蕎麥、玉米、白花椰菜、菇類、馬鈴薯、竹筍、香蕉、哈蜜瓜、柑橘類
	半必需胺基酸	半胱胺酸	大豆、扁豆、芝麻、海帶、紅蘿蔔、芥菜
		精胺酸	堅果類、全穀類、大豆等豆類、巧克力
		酪胺酸	紫菜、大豆、芥菜、菠菜、芝麻
脂質		必需脂肪酸	亞麻仁籽、大豆、葵瓜子、葡萄籽油、芝麻、核桃
		磷脂質	大豆、小麥胚芽、花生
		膽固醇	由肝臟製造
維生素		B_1、B_2、B_3 B_5、B_6、B_7	綜合攝取各種穀類、豆類、種子類、蔬菜及水果
		B_9（葉酸）	深綠葉菜類、柑橘等水果類、豆類、種子堅果類、豆類、蘆筍、秋葵、酪梨
		B_{12}	幾乎為無（若無食用蛋奶，則可考慮選用營養補充劑）
礦物質		鈣	芝麻、海菜、大豆製品、大白菜
		鐵	紫米、大豆、葵瓜子、腰果、菠菜
		鉀	馬鈴薯、菠菜、香蕉
		鋅	小麥胚芽、南瓜子、腰果
		鎂	南瓜子、芝麻、杏仁、大豆、蠶豆、扁豆、菠菜

3. 不能因為是素／蔬食，就烹調為重口味

某些素食料理常被詬病的另一點即是重油重鹹。除非是已習慣天然蔬果原味，否則由於素食少了葷腥滋味，難免會讓人覺得不夠滿足，而在烹調上使用重油、重鹹、重調味，反而把原本健康的食材做成了慢性病的潛在元凶。事實上，植物性食材本身即非常美味，其調理方式應以引出食材原味為原則，否則至為可惜。

4. 注意食物屬性問題

許多人擔心蔬菜瓜果性質偏寒涼的問題，認為素食會造成體寒。事實上，屬於溫性的植物性食物也不少，因此只要能注意食物屬性的搭配即可。此外，對幼兒來說，為避免飲食不潔造成的食物中毒，本就不鼓勵食用生菜。冷飲及冷食，尤其在早餐，絕對是禁忌。若體質較寒，更應以熱熟食為主。

常見植物性食物之屬性，請見表3-2。

表3-2　常見食物及其屬性

食物類別	寒性	涼性	平性	溫性	熱性
穀類		小米、小麥、大麥、蕎麥、薏仁	米、玉米、燕麥	糯米、紫米、西谷米	
豆類		綠豆、豆漿、豆腐皮、豆花、腐竹	豌豆、黑豆、黃豆、毛豆、扁豆、蠶豆、豆豉		
蔬菜類	藕（生）、馬齒莧、空心菜、芝麻葉、髮菜、蕨菜、草菇、黃豆芽、綠豆芽、苦瓜	芹菜、茭白、莧菜、花椰菜、菠菜、萵苣、地瓜葉、油菜、生菜、竹筍、青蘆筍、茄子、	大白菜、高麗菜、茼蒿、四季豆、馬鈴薯、胡蘿蔔、山藥、芋頭、苦瓜（熟）、香	韭菜、蒜苗、青蒜、洋蔥、雪裡紅、香椿頭、香菜、芥菜、白蘿蔔（熟）、藕（熟）、	

食物類別	寒性	涼性	平性	溫性	熱性
蔬菜類	（生）、菜瓜、芋薺、海帶、紫菜、石花菜、蘆薈、粉絲	番茄、白蘿蔔（生）、絲瓜、黃瓜、節瓜、冬瓜、牛蒡	菇、銀耳、黑木耳、平菇、猴頭菇、百合	南瓜、地瓜	
水果類	香蕉、柿子、哈密瓜、西瓜、柚子、楊桃、桑葚、甘蔗、椰子	梨、枇杷、蓮霧、草莓、芒果、橘子、草莓、奇異果、山竹	蘋果、葡萄、柳丁、百香果、李子、鳳梨、楊桃、菠蘿蜜、橄欖、覆盆子、梅子、無花果	金桔、芭樂、木瓜、石榴、大棗、檸檬、桂圓、紅毛丹、山楂、釋迦、桃子、紅棗	龍眼、荔枝、櫻桃、榴連
堅果類		菱角、羅漢果	芝麻、葵瓜子、松子、腰果、蓮子、南瓜子、花生、西瓜子仁、杏仁、山胡桃、白果、芡實	栗子、開心果、檳榔、核桃	
調味品	食鹽、醬油		白糖、冰糖、蜂蜜	蔥、生薑、乾薑、大蒜、芥末、花椒、九層塔、紅糖、植物油、醋	辣椒、胡椒、肉桂、咖哩粉

三、幼兒常見營養問題

　　一般而言，本國人民生活水準若非富裕，至少也衣食無虞，因此，近年來除非少數清貧家庭或兒虐、疏忽等特殊情況，幼兒的營養來源其實並不是問題，問題在於照顧者是否有足夠的觀念及方法讓

孩子吃應吃的食物；否則雖然生活富足，反倒營養不良（肥胖亦屬之），實在可惜且令人擔憂。以下針對肥胖、加工食品攝取過多、咖啡因問題、偏食及食物過敏等主題進行說明。

(一) 肥胖

兒童肥胖已成為全球性的嚴肅公共衛生課題，臺灣亦不能置身於。根據聯合國2011年調查發現，我國6～18歲兒童及青少年肥胖盛行率高達26.8%，在全世界排名第十六，在亞洲排名第一。造成肥胖的原因有很多，營養、運動及睡眠都會影響體型發展。本節針對營養方面，說明幼兒肥胖的原因。

就飲食而言，除了前文所述，非以母乳哺餵之幼兒，其肥胖機率較高外，造成肥胖的原因不外乎以下兩者：吃太多與吃不對。

1. 吃太多

現今人民生活平均來說即使不富足，也不至於貧窮，在食物獲得上非常方便，因此，照顧者若還保有傳統觀念，認為多吃才會長得好，便很容易讓孩子吃太多。而吃太多不僅必然導致肥胖，也會因幼兒稚嫩脾胃承受過度負擔而影響往後消化功能。

2. 吃不對

有些幼兒雖然吃得不多，但若吃得不對，仍然可能導致肥胖，更遑論若為既吃太多又吃不對。以下是幼兒時常吃不對的情況：

(1) **太多高熱量食物，太少幫助代謝營養素**：許多人觀念中的營養，僅停留在產能營養素上。殊不知要讓產能營養素發揮作用，必然少不了幫助生理功能的營養素，包括維生素、礦物質以及酵素。以下舉例說明：

　　• 精製白米、白麵、白糖，僅有碳水化合物，而無幫助碳水化合物產能之維生素B群及礦物質。此類食物包括糖果、餅乾、蛋糕、含糖飲料、餡料麵包、白米飯等。關於零

食及飲料中常用的高果糖玉米糖漿，請見前文「果糖」一節。

- 高蛋白，尤其是動物性蛋白質會增加身體消化負擔，影響代謝反應。若飲食中多肉少素，不但消化系統難以負荷，還會使身體偏酸，代謝更慢。

- 高油脂不但難消化，且易囤難除。飲食中含過多油脂，尤其動物性飽和脂肪酸和萬惡的反式脂肪，要不胖亦難。若與高蛋白食物一起食用，更是健康的頭號大敵。此類食物包括炸雞、炸排骨、鹽酥雞等油炸葷腥類；炸春捲、炸湯圓、薯條、甜甜圈等油炸澱粉類；洋芋片、餅乾及零食店販賣之不知名油炸零食；以及添加奶精而非牛奶的廉價奶茶、木瓜牛奶、玉米濃湯、果凍等。

(2) **調味料太多**：高鹹度不但傷腎，且使水不易排出，造成身體水腫。高鹹度來自高鹽類以及過度調味，在外食、零食、速食中非常普遍。一包55公克（隨手包）的原味洋芋片即含有237.6毫克的鈉，占每日建議攝取量的9.89%。此數據尚未顯示鈉以外的電解質，而起司、烤肉、牛排、雞汁、香辣等各式口味所用人工調味劑可能使鈉含量更高。

(3) **蔬菜水果攝取太少**：蔬菜水果不僅含有豐富的維生素及礦物質，亦含有膳食纖維及酵素，其關於消化、健胃、整腸方面之益處，請見前文。蔬果攝取太少時，腸道容易累積廢物，不僅影響消化功能，在全身氣血髒汙又凝滯的情況下，勢必使全身代謝功能跟著減緩。

(4) **喝水太少**：水對於代謝反應之重要性，請見前文。喝水太少時，代謝自然降低。

(5) **早餐觀念錯誤**：早餐是一天開始時的一餐，提供一整天活力所需。中醫的氣血觀點亦指出，早上7點至9點走胃經，故早

餐是消化力最旺盛時的一餐；9點至11點走脾經，其功能爲運化與輸布，即把食物轉化爲人體可利用之營養素，並分配到需要該營養的器官。若早餐吃得不對，使脾胃之氣逐漸變虛，反應在體型上可能爲因不長肌肉而過瘦，亦可能因爲營養吸收後到不了正確的臟腑而成爲過胖。

以下爲幾個早餐吃得不對的例子：

- 不吃。不吃則什麼都不用談。

- 沒有五穀雜糧類。脾胃屬土行，喜食五穀雜糧及種子類，因此，早餐應含有此類食物。傳統中式早餐的糙米稀飯、豆漿，或是養生早餐店的五穀飯糰，都是理想的早餐。而一般早餐店的三明治、漢堡、蛋餅則少了養脾胃之氣的食物。

- 以麵食，尤其麵包爲主。麵食雖原料爲麥，屬於五穀類，但對臺灣氣候而言，其濕氣太重，偏偏脾胃最怕濕氣。脾濕時，不但影響體型，心情亦容易鬱悶煩躁。麵包是麵食類中最吸濕的食物，如果捨不得不吃麵食，至少早餐時不要吃麵包。一定要吃的話，也應挑選全麥或雜糧麵包。

- 喝冰冷飲料。莫說身體內臟喜歡溫暖環境，在一天的開始，生命之火正要點燃，更不應澆下一盆冷水將之熄滅。早餐時喝冰牛奶、冰奶茶、冰豆漿皆爲大忌。夏天時熱氣在外，體內虛寒，更不應喝冷飲。寒涼之氣使氣血凝滯，不但影響代謝，亦會造成寒氣不易排出的問題。

(二)加工食品攝取過多

加工食品對健康的影響不可忽視，其中精製食品的熱量問題已在上文「(一)肥胖」一節中提到，而另一問題則是人工添加物。

現代商品流通與販賣模式，使得食品的保存期限、賣相、口味及

方便性之考量，常常大過「天然、真實、健康、無負擔」的要求。為了延長保存期限、壓低成本、製造方便、增添風味等各種理由，食品中添加了各種化學物質，最後皆由辛苦的身體負責處理善後。以下分為合法添加物及非法添加物，加以說明。

1. 合法添加物

在討論非法添加物之前，可先概略認識合法添加物（見表3-3），其種類之多，令人咋舌。

拿起任何一包零食，翻到背面的成分表，時常不難見到洋洋灑灑的防腐劑、著色劑、品質改良劑、香料、調味劑齊備。雖然各別種類與用量都符合法令規定，但混合及長期食用後的總量造成身體多少負擔，並不能忽視。再者，部分添加物如漂白劑、保色劑、著色劑、調味劑等，會遮蔽食物變質事實，使劣質材料一變而為價錢低、賣相佳的誘人商品，則已不是討論添加物本身是否能夠食用的層次。

表3-3　食品添加物使用範圍及用量標準

種類	品目	種類	品目
防腐劑	己二烯酸、苯甲酸、對羥苯甲酸乙酯等24種	香料	乙酸乙酯、N-甲基胺基苯甲酸甲酯、苯甲醛等99種
殺菌劑	次氯酸鈉液、過氧化氫、二氧化氯等4種	調味劑	L-麩酸鈉、檸檬酸、磷酸、5'-次黃嘌呤核苷磷酸二鈉等59種
抗氧化劑	二丁基羥基甲苯、L-抗壞血酸、L-半胱氨酸鹽酸鹽等26種	甜味劑	D-山梨醇、D-木糖醇、糖精、阿斯巴甜等25種
漂白劑	亞硫酸鉀、亞硫酸鈉、過氧化苯甲醯等9種	粘稠劑	海藻酸丙二醇、漂白澱粉、乙醯化己二酸二澱粉等48種
保色劑	亞硝酸鉀、亞硝酸鈉等4種	結著劑	焦磷酸鉀、多磷酸鈉、偏磷酸鈉等16種

種類	品目	種類	品目
膨脹劑	鉀明礬、氯化銨、酒石酸氫鉀等14種	食品工業用化學藥品（最後製品完成前必須中和或去除）	氫氧化鈉、鹽酸、硫酸、離子交換樹脂等10種
品質改良劑	氯化鈣、葡萄糖酸鈣、碳酸銨、石油蠟、亞鐵氰化鈣等96種	溶劑	丙二醇、己烷、異丙醇等7種
營養添加劑	各種維生素及礦物質化合物及製劑形式共319種	乳化劑	脂肪酸甘油酯、鹼式磷酸鋁鈉、聚氧化乙烯（20）山梨醇酐單硬脂酸酯等30種
著色劑	食用紅色六號、銅葉綠素、二氧化鈦、焦糖色素等39種	其他	胡椒基丁醚、醋酸聚乙烯樹脂、蟲膠、合成石油蠟等20種

資料來源：全國法規資料庫。

2. 非法添加物

較合法添加物更令人震驚的是各種非法添加物的使用，其中在近年新聞中出現並造成社會譁然的，包括：

(1) 2011年**塑化劑事件**：鄰苯二甲酸二辛酯（DEHP）等違法塑化劑，會造成男童性發育不全、女童性早熟，以及其他消化、免疫、心血管、肝臟及泌尿功能，甚至引發癌症。塑化劑事件波及的範圍包括許多知名品牌的運動飲料、果汁飲料、茶飲料、果醬、果漿、果凍及藥品。

(2) 2013年**修飾澱粉事件**：修飾澱粉可以增加澱粉類食物烹煮時的方便性，然而，本案驗出的順丁烯二酸並非合法之修飾澱粉添加物。雖然食品藥物管理局及部分學者、醫師認為順丁烯二酸無害，但亦有學者持反對意見，認為此化合物會造成腎小管損傷。無論如何，本案乃業者違法添加之事實是無庸

置疑的。修飾澱粉事件波及的範圍包括粄條、肉圓、黑輪、粉圓、豆花、粉粿、芋圓及地瓜圓等臺灣常見小吃。

(3) 2013黑心橄欖油事件：知名品牌將橄欖油摻棉籽油，並以銅葉綠素染色，以國外高級油之價格販賣。棉籽油有殺精蟲毒性，銅葉綠素雖為合法著色劑，但不能用於油品，否則可能有不耐高溫、食用過多不易排泄、影響肝腎功能等問題。

以上事件僅為本國食品安全問題之冰山一角，不僅零食、餐廳、夜市、攤販的食物品質令人擔憂，連家庭料理用油也淪陷，無怪乎民眾憤怒且恐慌。

而不論合法或非法，從食品添加物現象可看到，我國兒童從小便生長在充滿假食物的環境中，對健康的危害是其一，其中衍生出的與大自然漸行漸遠、再也不識食物原貌、凡事只重結果而寧可抄近路等問題，更令人嘆息不已！

(三) 咖啡因問題

咖啡因會刺激中樞神經系統，造成幼兒緊張、躁動、心悸，影響其睡眠及專注力，且減低鈣及鐵的吸收。咖啡、茶、巧克力、可樂中皆含有咖啡因，幼兒非常可能由巧克力、茶飲料、巧克力／茶／咖啡口味甜點及可樂中，累積過量咖啡因。母親若在懷孕或哺乳時喝咖啡及茶，亦有可能使胎兒／嬰兒間接攝取到咖啡因。動物實驗甚至發現咖啡因會造成出生缺陷或早產。

(四) 偏食

從本節諸多論述中，已可清楚知道飲食均衡的重要性。偏食的後果，即使短期觀察不出損害，長期缺乏某種物質，必定會導致某一方面功能不良，就算不生病，也不能稱為健康。問題是，道理大家都明白，幼兒偏食卻是普遍現象。孩子不吃就是不吃，大人也莫可奈何。

其實孩子偏食是自然且正常的。因為孩子才剛開始探索這個世界，許多味道是沒有接觸過的，味蕾和身體都不習慣接受它。以人類行為模式來說，對陌生事物採取抗拒的態度乃是可以理解的。且並非所有的生物皆可食用，幼兒偏食或許也是遠古人類自保的演化結果。

既然偏食的關鍵在「不習慣」，要解決這個問題便需從「習慣」下手。從少量開始，一點一滴地將其不吃的食物加入餐點中；或拌以味道較重的醬汁（例如：口味溫和的咖哩），掩蓋其特殊味道；或者將果菜汁混入食物（例如：麵條）中，皆不失為可行方法。另外，亦可以說故事等方式增加孩子對食物、食材的親近感，對年齡較大的幼兒也可開始以知識的角度灌輸食物與健康的觀念，逐步解決偏食問題。

（五）食物過敏

可食而不願食，謂之偏食；反之，有時身體其實不能接受某種食物，舌頭卻未把關，以致吃進該種食物而引起過敏。食物過敏牽涉到免疫反應，輕則使皮膚發癢腫脹，或有嘔吐，重則可能導致死亡。根據2005年「臺灣地區食物過敏原因調查報告」，3歲以前常見的食物過敏依序為蛋、牛奶、蝦、花生、螃蟹、芒果和蛤蠣。2007年「臺灣地區不同年齡層常見的食物過敏」研究結果則依據國人食物過敏發生率，列出蝦、蟹、牛奶、蛋、花生為第一級致敏食物，第二級為芒果、其他海鮮，第三級則是花枝、蛤蠣、魷魚、墨魚、螺、鱈魚、大豆、小麥、奇異果。

食物過敏之主要原因是蛋白質極易成為過敏原。嬰幼兒消化功能尚未健全，腸道通透性卻較成人為大，因此當食物中的蛋白質未被完全分解，卻又穿透腸壁進入體內，使身體誤以為遭受有害物質入侵，便會引發免疫系統反應，造成過敏。由此可知，預防或排除過敏的方式，首先是在開始引介副食品時，不要從高蛋白食物著手。以東方孩

子體質而言，最好的順序為米糊、蔬菜泥及水果泥（以蘋果、梨子及葡萄為佳）、蛋黃（含卵磷脂、膽固醇，但不含蛋白質）。而牛奶、蛋白、花生、麥類食品等，則至少等到1歲以後再逐步添加，且需小心觀察孩子食後情況。

　　包含食物過敏在內的大部分過敏症狀發生部位通常在胃腸、呼吸道及皮膚，皆屬金行經絡掌管。若要強化肺氣，應呼吸新鮮空氣、嗅聞令人愉悅的氣味；欲強化大腸之氣，則應多吃膳食纖維或寡糖，使腸道乾淨；再加上需注意任何接觸皮膚的物品，如衣物、沐浴乳或乳液之成分，以使皮膚健康。如已悉心保養金行器官仍不見效，則需往前一步保養土行經絡，使土能生金。土行臟腑為脾胃，故三餐，尤其是早上7點至9點間的早餐，應以熱米糊、粥或其他五穀雜糧類為主（如果對某種五穀雜糧過敏，則應排除），並勿食冰品，少食麵類。

第二節　身體動作與體能

　　人類最可貴之處在於其心智，然而，所有的心智活動都需要一個身體來將之實現。身體愈健康、愈靈活、愈耐用，則各種心願、規劃、理念、夢想才愈有可能成真。好的身體條件並沒有捷徑，不斷的學習及持續的鍛鍊乃是不二法門。然而，現今許多幼兒在身體動作與體能方面卻有退步的趨勢，令人擔憂。教育部2012年所頒布的《幼兒園教保活動課程暫行大綱》中，「身體動作與健康」即為六大領域之首（教育部，2012），可見國家對於幼兒動作及體能狀況之關切。從小習慣動身體、用身體、培養身體技能，並養成運動的慣性，才能確保未來的國民健康水準。

　　本節針對幼兒身體動作與體能發展及其重要性、幼兒常見身體動作障礙、幼兒體能問題等主題，進行說明。

一、幼兒身體動作與體能發展及其重要性

　　身體動作以及體能之發展，是兩種彼此相關且重要性相等、但性質不同的類別。以下分別加以說明。

(一) 幼兒身體動作發展之重要性

　　人從剛出生時什麼都不會，到逐漸學會翻身、爬行、走路、跑步、跳躍，再到成年後可以從事各種技能活動，甚至成為維生之本事，乃是一步一步不斷練習的結果。在不同階段練習符合發展進程的動作，也是良好感覺統合之必要條件。每個動作的完成，都說明了幼兒對自己身體以及外界事物的感受、理解與回應，因此其價值包括身體動作本身之表現、認知能力之培養、自我情緒之掌握、社會性適應與學習等諸多益處。感覺統合失調的個體，其智力不一定差，但很可能在某些學習方面會有障礙，因而帶來挫折感或負面自我觀感。照顧者的疏忽、知識不足或過度溺愛，都可能使幼兒少了練習動作的過程，影響日後生活或工作能力。以下說明動作發展與各種面向之間的關係。

1. 身體動作本身

　　身體動作發展受阻，首先面臨的就是無法完成某些動作，或學不會某些技能，接著將影響到進階動作的學習，累積下來便成為動作發展遲緩。例如：若是不讓嬰兒有盡情爬行的機會，等於剝奪其手腳及兩側協調之訓練，未來在走路平衡、律動舞蹈的手腳協調、運動技能的練習，以至成年後學習駕駛方面，都可能遭遇困難。另外，身體動作不靈活者，對於危機之反應能力一定也弱，因此容易受傷，甚至危及性命。

2. 認知方面

　　自己的身體是每個人第一個認識的對象，也是自己的意志最能夠操控的目標。根據皮亞傑認知發展理論，幼兒處於感覺運動期時，乃

透過多重感覺功能吸收知識，並透過身體的動作來解決問題。例如：嬰兒利用觀察及碰觸自己的手、腳、肚子來認識自我。而前運思期的幼兒亦熱愛各種攀爬及遊樂器材、按各式開關、玩積木及扮家家酒等，並在過程中體會各種新經驗。在幼兒常見的活動中，例如：爬行／行走一段距離以拿取物品、將形狀正確的積木放在相應的洞裡、隨著音樂或老師指示體驗律動等，都包含了認知活動在其中。若動作發展受限，認知的發展必然也會受限。

3. 創意方面

幼兒創意與想像力豐富，身體動作也是其展現的方式之一。讓身體盡情地扮演、模仿各種生活經驗中的人事物，甚至創造新角色、新形象，不但帶來樂趣，也使幼兒的思考更為寬闊。

4. 情緒方面

能夠親身參與活動並在其中完成各種指令，可以帶給幼兒很大的滿足感及成就感。發現自己可以利用身體來回應外界的刺激與挑戰，也可以讓幼兒更有安全感，因而心緒也較穩定。相反地，若經常不能完成任務，看到自己總是落後同儕，且對外界的變數無法拿出適當且有效的解決方式，也會帶來失落感，使幼兒變得愈來愈退縮、沒有自信，且害怕接觸新事物。

5. 社會方面

在身體活動中，自我與他人之間的空間關係、輪流規則、團隊合作等，能夠幫助幼兒的社會適應，瞭解社會規範，並建立良好的人際互動。

(二) 幼兒體能發展之重要性

身體動作關注的是技巧的純熟，體能關注的則是一個人生理上的心肺功能、肌力、肌耐力與爆發力、筋骨柔軟度及身體組成（即體脂肪比例）等。衛生福利部國民健康署定義之「健康體能」，是指「人

的器官組織如心臟、肺臟、血管、肌肉等都能發揮正常功能，而使身體具有勝任日常工作、享受休閒娛樂及應付突發狀況的能力」。如果一個人一動就累，一跑就喘，一站就痠，致使身體不願活動而無法消耗熱量，不斷累積脂肪，且會變得更不想動，形成惡性循環。民不強則國不富，不論從國民健康或國家發展的角度來看，體能問題都是必須嚴肅看待的議題。

健康的體能能夠帶來以下益處：

1. 幼兒原本就需要動

幼兒的特徵之一就是精力旺盛，動個不停。活潑好動的特質讓幼兒可以不斷探索世界，並與外界建立良好互動關係。而沒有體能活動的孩子則違反幼兒發展常態，應認真關懷其身心狀況。

2. 確保生活品質

「健康體能」表示能夠「勝任日常工作、享受休閒娛樂、應付突發狀況」。而在工作與休閒中都能遊刃有餘的人，生活品質也較高。對幼兒來說，工作即是玩耍，更需要良好體能的支持。而對於突發狀況，如能夠跑得快、跳得遠，再加上敏捷的身體動作，則受到傷害的機率便會降低，對於應付生活中難免發生的意外與變故，也較有能力可以化解。

3. 促進心理健康

運動能夠促進腦內啡及多巴胺的分泌，且流汗可幫助排除身體深層毒素，因此，運動過後會有幸福愉悅感，壓力感及負面情緒則會降低。

4. 提昇智力表現

許多研究指出，運動對於智力的發展有正面作用。在運動過程中分泌的激素包括：(1)生長激素，可增進大腦健康，幫助學習與記憶表現；(2)血清素，可幫助記憶；(3)正腎上腺素，可提高專注力；(4)肌肉細胞也會分泌一種特殊蛋白質FNDC5，促進腦部神經發育。

科學證據之外，許多愛好運動人士皆以自身經驗肯定運動對於認知與思考的助益。

5. 預防各種慢性疾病

成人的許多慢性疾病，包括心血管疾病、第二型糖尿病、骨質疏鬆、某些癌症等，皆與缺乏運動有直接或間接的關係。幼兒雖不應有上述疾病，但若能從小養成運動習慣，長大後，運動自然成為生活的一部分，不需等到身體出問題了，才帶著病軀開始辛苦地改變生活模式。

二、幼兒常見之身體動作障礙

許多幼兒在身體動作方面顯得笨拙、平衡感不佳、時常撞到或跌倒等，原因大致上都與感覺統合有關。天生某部分感覺統合功能不良而影響到動作完成的幼兒，可以藉由特定動作訓練方法強化其較弱的環節。而正常幼兒則也可能因為未充分運用身體，使得感覺統合發展受限，造成長大後某部分身體動作不靈活。其實從前的人生活在大自然中，自小便從事各種創意十足的戶外遊戲及扎實的身體勞動，因此少有身體動作發展方面的問題。臺灣某些地區的孩子有充分的天然空間可提供玩耍及探險機會，也是一個個身手矯捷，宛若靈猴。可惜文明社會都市化的結果，讓幼兒以身體探索世界，以及在自然中開發身體的機會大大減少，反而要重新設計教具、器材及課程，以確保幼兒感覺統合的發展。

以下簡單說明感覺統合與身體動作之關聯，以及感覺統合失調時所表現出來的身體動作徵狀。

(一) 感覺統合與身體動作之關聯

嚴格來說，人類的各種感覺，包括聽覺、視覺及觸覺，都與動作有著某種程度上的關聯，而前庭覺及本體覺則更是與身體動作關係至

為密切。以下簡單描述感覺統合在身體動作方面的功能，以及其利用身體動作來強化感覺統合的方式。

1. 感覺統合在身體動作方面的功能

與身體動作直接相關的感覺統合功能包括：

(1) 掌管身體平衡。

(2) 使身體兩側動作協調。

(3) 在視覺及空間知覺處理方面，可讓眼睛得以對焦，幫助空間判斷。

(4) 影響大腦警醒度，讓人興奮或放鬆。

(5) 發展並維持肌肉張力，以幫助維持正常姿勢，並使動作穩健，連帶地讓心緒專一，注意力和記憶力皆獲得提昇。

(6) 讓大腦得以知覺肢體各部位之位置及動作動向，使動作及力道控制得當，且不需一直以視覺來確認。

(7) 幫助規劃動作流程，連帶使生活及活動有秩序、有條理。

2. 以身體動作強化感覺統合的方法

感覺統合發展障礙會影響身體動作的執行。事實上，感統的強化也需要以身體動作的方式幫助訓練，可見兩者之間一體兩面的關係。常見的感統訓練方法包括：

(1) 利用各種不穩的器具，例如：大龍球、T型椅等，讓幼兒在上面練習保持平衡。

(2) 做會讓幼兒重心改變的動作，例如：身體傾斜、頭下腳上或旋轉的遊戲。

(3) 從事讓幼兒跳躍後要準確落地的遊戲，例如：跳格子、跳橡皮筋等。

(4) 從事需要兩側平衡的遊戲，例如：匍匐、爬行、手掌及腳掌著地的爬行。

(5) 設立有標的物，且需要命中、跳過、繞過該標的物之遊戲。

(6) 移動及靜止交錯的遊戲，例如：123木頭人。

(7) 需要用力的遊戲，例如：推牆、比力氣。

(8) 讓幼兒動手做事，尤其是需要用力氣的工作（當然也不能太過）。

(二) 感覺統合功能失調時的身體動作徵狀

與身體動作相關的感統功能失調時，個體會有以下徵狀：

1. 肢體僵硬、動作不協調。

2. 平衡感不佳者，對於需要平衡的動作難以做到。

3. 肌肉張力低者，全身鬆軟無力，難以挺直，容易疲累，也容易跌倒。

4. 身體兩側協調困難者，對於需要兩側協調的動作難以做到，動作笨拙，也會容易撞到。

5. 視覺及空間知覺處理功能差者，容易左右不分、空間判斷不佳。

6. 重力不安全感者，會害怕跌倒或害怕高度。

7. 前庭覺過度敏感者，不喜歡搖晃、旋轉的遊戲或設施。前庭覺過度不敏感者，則會有坐不住的過動現象。

8. 本體感覺不佳者，需要視覺輔助才能順利完成動作，因此動作吃力。

9. 無法掌控力量，常因力道太大而造成物品或他人之傷害。

10. 生活自理能力差。

11. 學習動作時的挫折感可能影響幼兒的情緒穩定度，可能變得退縮，不喜新事物，不愛交朋友。

三、幼兒體能問題

幼兒體能問題包括運動量不足造成的肥胖，以及體能不足。雖然目前的研究調查多以6～18歲，即小學及國高中生為對象，少有6歲以下幼兒的相關資料，但由6歲以後的事實及數據，仍可推測6歲以前之體能生活概況。其實，體能活動與理論艱深的身體動作或感覺統合相較，其執行面簡單得多，唯做而已。可惜若大人本身沒有觀念，便不會有習慣；而大人沒有習慣，兒童自然也不會建立習慣。

(一)運動量不足造成的肥胖

造成兒童肥胖的原因除了不良飲食習慣或不良作息之外，體能活動的減少亦是關鍵之一。《幼兒園教保服務實施準則》第8條規定，幼兒園「每天」應安排30分鐘以上出汗性活動，換算起來每週應至少有三個半小時。然而，兒童福利聯盟公布的《2012年臺灣兒童運動狀況調查報告》（兒童福利聯盟，2012）卻顯示，有七成學童「每週」運動不到2小時。兒童最喜歡且最常做的活動變成看電視、打電動、上網，或者以運動類電玩取代真正的運動。兒童電視節目中又有大量垃圾食物的廣告，儼然成為一個肥胖生活的天羅地網。

(二)體能不足

運動量不足不僅造成肥胖，連帶地也必然造成體能不足。目前雖沒有研究針對臺灣2～6歲幼兒體能狀況，例如：心肺功能、肌力及肌耐力方面有完整且充分的數據，但有幾項研究乃是針對學童及青少年而做。兒童福利聯盟在《2012年臺灣兒童運動狀況調查報告》中指出，57%的學童跑一圈操場就會胸痛或呼吸困難，24%的學童曾在運動中身體不適，還有20%的學童每個月都感冒。

美國心臟協會的一份研究亦顯示，全球兒童及青少年的心肺健康有下降趨勢。研究中分析了1964～2010年間，28個國家的50份

研究，對象牽涉2,500萬名9～17歲的年輕人，得到以下結論：(1)今天全球孩童與他們父母年輕時相比，體能下降了15%；(2)在美國，1970～2000年間，兒童心血管耐力表現每十年下降6%，其他國家則每十年下降5%；(3)在1,600公尺賽跑中，今天的兒童及青少年比三十年前的同齡年輕人慢了一分半鐘。

😊 第三節 睡眠與休息的安排

一瞑大一吋，嬰幼兒的成長乃是在睡眠中完成。本節分別說明睡眠及休息對幼兒的重要性、幼兒睡眠與休息的安排，以及幼兒睡眠問題。

一、睡眠及休息對幼兒的重要性

睡眠及休息即使對成人亦十分重要，而對幼兒之生長發育、肥胖問題、智力發展、情緒、甚至動作技能，更是影響甚鉅。以下分別加以說明。

（一）生長發育

嬰幼兒的成長與生長激素息息相關，而生長激素之分泌又與睡眠相關。研究顯示，生長激素會在深層睡眠開始時呈現一個分泌的高點。睡眠不足時，極可能導致生長遲緩。

（二）預防肥胖

睡眠不僅關係到嬰幼兒長高的問題，甚至也與肥胖有關。許多研究發現，睡眠不足的孩子，肥胖率亦高，其原因包括：(1)睡眠不足使體內掌管飽足感之瘦素（leptin）及飢餓感之飢餓素（ghrelin）失衡，讓人胃口變大；(2)睡眠時間減少，使得幼兒有更多時間吃東

西；(3)睡眠不足，使得孩子活動力降低，能量消耗減少。

(三) 智力發展

智力來自專注力、學習力及記憶力，成人如此，幼兒亦然。而睡眠不足時，頭腦混沌，三者的發揮必定大受影響。許多幼兒、兒童、甚至青少年在校表現不佳，皆與睡眠質或量不足有關。

嬰幼兒的生長發育不只在身體上，其腦細胞亦在作出生後最後階段之增長，因此，睡眠與智力發展具有正向關係。另外，在睡眠中，尤其在快速動眼期（即作夢時段），大腦亦在進行「記憶鞏固」的工作，使睡前所接收的資訊能夠長時間保存下來。未好好睡覺的幼兒，記憶力變差，學習無法累積，將嚴重影響其身心發展。

(四) 情緒

成人睡眠不足會導致情緒不佳，嬰幼兒亦然。睡眠不足會使孩子負面情緒增多，即暴躁、易怒、愛哭鬧，甚至懷有無助感。

(五) 動作技能

動物在睡眠中，身體肌肉完全放鬆，才能在醒來後再度有充滿活力的感覺。而睡眠不足導致的身體疲勞，再加上精神恍惚、專注力下降、情緒不穩定，在動作技能方面必定會受影響。睡眠不足不僅使孩子在動作技能的學習上效果不彰，更危險的是因動作不靈活、反應變慢而造成的受傷問題。

二、幼兒睡眠與休息的安排

(一) 睡眠時間長度

1. 總睡眠長度

嬰幼兒所需的睡眠時間比成人要長得多。表3-4整理出不同年齡

層所需的總睡眠時間長度，提供參考。

表3-4　嬰幼兒各年齡層每日所需睡眠總長度

年齡層	每日睡眠總長度	年齡層	每日睡眠總長度
新生兒	約18～20小時	1～3歲	約12～14小時
2～3個月	約15～18小時	3～6歲	約10～12小時
3個月～1歲	約14～15小時		

2. 睡眠分段性

新生兒雖然總睡眠時間很長，但每次皆為分段式，一次約睡2～3個鐘頭，睡醒就吃，吃完又睡，斷斷續續，即使在夜晚也不例外。等嬰兒逐漸長大，一次便可連續睡較長時間。到3個月以上，夜晚或許便可連續睡7～8個鐘頭，即父母最盼望的「一覺到天亮」。

(二) 睡眠時段安排

生物體對於「習慣」的事物耗能最少，因此，建立規律且符合健康的作息是非常重要的。除了新生兒的睡與醒無法預測也無法控制外，嬰兒在2個月大之後應該要能夠逐漸建立規律的作息模式。良好的睡眠模式原則如下：

1. 最主要的睡眠時段應在晚上

不論從西方醫學或中醫養生的角度，皆主張應「日出而作，日入而息」，晚上便應該睡覺。以下分別予以說明。

(1) **褪黑激素**：與睡眠有關的荷爾蒙除了生長激素外，尚有褪黑激素。褪黑激素位於視網膜上，在黑暗中分泌，使人開始有睡意；而白天則被光抑制，分泌量減少，人便醒來。褪黑激素除了形成生物時鐘外，還與抗氧化、增強免疫力、預防癌症有關。可見「日出而作，日入而息」是大自然為人類所設計的最佳週期，遵守此規律則可使各部身體運作被放在正確

的位置。

(2) **天地陰陽的週期**：天有天氣，地有地氣，人有人氣。天地之氣一定大於人氣，因此，人要活得健康快樂，便必須順天而行，藉天地之氣養自身之氣。白天的陽氣主活動與運作，大人要努力工作，學生用功學習，幼兒盡情玩耍；晚上則不論大人小孩皆應順應陰氣之特性，與天地一同安靜休眠。

(3) **睡眠時間對應養肝膽的時辰**：氣在人體內周而復始地循環，不同的時辰運行至不同的經絡，使該經絡工作效率最高，因此有十二時辰養生法的理論。晚上9點至11點走三焦經，11點至凌晨1點走膽經，1點至3點走肝經，皆為木行經絡，主淨化、清血、排毒、修復。此時一定要躺平、閉眼、氣向下降、頭腦不思考，也就是睡覺，才能讓血歸於肝。錯過此睡覺時段，會連帶影響到早上7點至9點養脾胃的時辰，使早餐沒胃口，並加重另一排毒器官——腎的負擔。五臟六腑相生相剋，牽一髮而動全身，一定要認真執行。

2. 白天也需要有午睡時間

幼兒需要的睡眠時間較長，光是晚上睡覺並不足夠。且活動了大半天後，下午的氣會稍有不足，因此亦需要小睡片刻，恢復體力。養生之道也講究睡子午覺，即在子時（11pm～1am）及午時（11am～1pm），天地陰陽轉換之際，人皆應以最安靜的方式度過。惟成人午覺或許只需10～30分鐘即可。

關於白天的睡眠時段亦依個體而異，表3-5為一般情況，提供參考。

表3-5　嬰幼兒各年齡層白天所需睡眠長度

年齡層	白天睡眠安排	年齡層	白天睡眠安排
4～6個月	2～3次，共約6小時	1歲半至3歲	1次，約2～2.5個小時
7～12個月	2次，共約4小時	4歲以上	1次，約2小時
1歲～1歲半	2次，共約3～4小時		

(三)睡眠品質評估

除了睡眠量要足，其品質亦非常重要。睡眠品質甚至比睡眠時間更為關鍵。

以下為幾項幼兒表現徵兆，可作為睡眠品質評估之參考：

1. 是否為自然醒。

2. 睡醒後是否精神飽滿。

3. 睡醒後是否情緒穩定、愉快，與人互動良好，不哭鬧。

4. 睡醒後是否有胃口。

5. 幼兒的身高體重發展情況。

6. 幼兒的學習狀況。

(四)休息

相對於睡眠時身體全然放鬆，且與外界幾乎無互動，休息指的是一種身心安靜、輕鬆的狀態，但個體仍保持清醒，與外界依然有互動。活潑又好奇的幼兒在清醒時，或許從事各種動態活動，包括動身體（例如：玩耍）與動腦（例如：不停地問「為什麼」）。而休息的意義可說是與動態活動之間的平衡。休息的時機及原則如下：

1. 入睡前

嬰幼兒在睡前如果活動太過激烈，會造成精神亢奮，難以入睡。因此，睡前應該營造溫馨氣氛、講故事等，幫助入睡。

2. 用餐前後

用餐時若身體或腦部太過興奮，則血液到不了腸胃，便會影響消化。用餐前若幼兒剛完成激烈活動，可花點時間進行儀式性程序，例如：洗手、幫忙放自己的小餐具、等大人入座等，待情緒平穩後再用餐。用餐後則可幫忙收拾餐具、午睡，或做些比較溫和的活動。

3. 各種激烈活動之後

幼兒活動安排中應有大肌肉或出汗性活動，而在劇烈活動之後則應穿插靜態活動，讓幼兒心情得以緩和。另外，個性活潑、精力十足的幼兒，可能經常處於跑動、攀爬等劇烈體能活動狀態。孩子精力旺盛不是壞事，不過若亢奮狀態過長，大人便需提醒幼兒要休息，並引導幼兒做些較舒緩的活動，例如：深呼吸、伸展、嬰幼兒按摩、閱讀等。培養孩子動靜皆宜的心性，能讓他們在生活及學習上面對各種挑戰時，有更強的適應力。

三、幼兒睡眠問題

嬰幼兒若能夠按照日升月落、天地陰陽自動配合作息表，乃是照顧者最大的幸運。但大多數的時候，事情並不會如此順利。以下列舉幾種幼兒睡眠問題的類型，以及可能造成睡眠問題的原因。

(一)睡眠問題類型及其原因

以下是幾種幼兒常見的睡眠問題及其發生原因。

1. 日夜顛倒

胎兒在母體內沒有日夜的認知，再加上醫院育嬰房或月子中心的燈光，為了初生兒照顧上的安全問題，亦為24小時全亮，並無日夜之分，因此，嬰兒剛出生時及回到家後，容易有日夜顛倒的問題。但隨著嬰兒年齡漸長，應在大人的引導及安排下（例如：刻意讓嬰兒白天少睡一點），於3個月左右調整成正常的睡眠模式。若日夜顛倒的

問題持續未能解決，則對大人或嬰兒的健康都有損害。

2. 難以入睡

在調整作息的過程中，嬰兒常有難以按照規劃入睡或睡不安穩的狀況。有些較大幼兒也常有太晚睡或睡眠品質不佳的情形。其原因可能有以下幾種：

(1) **大人本身作息紊亂**：嬰幼兒與照顧者一同生活，如果大人本身晝夜顛倒，則孩子也難以不受影響。

(2) **睡前太興奮**：請見前文「(四)休息」一節。

(3) **食物**：食物也可能是影響睡眠的因素。常見原因如下：

- 吃太飽：「胃不和則臥不安」，睡前吃太飽造成的腸胃負擔，會使人難以入睡。

- 飢餓：嬰幼兒如果飢餓，則必定哭鬧而無法入睡；但若要餵食，也要注意勿餵得太飽。

- 咖啡因：咖啡因對中樞神經有興奮性。詳見前文「三、幼兒常見營養問題」一節。

(4) **電磁波干擾**：掌管睡眠的褪黑激素會被光抑制，因此，睡前看電視、看電腦或玩手機，以及睡覺時開燈，都會影響褪黑激素分泌，打亂生理時鐘。且電磁波屬火行，對需要安靜入睡的身心是很大的干擾。若孩子在房間睡覺，首先應關燈，且不應有發光螢幕或開啟的電子用品（即使是待機狀態）存在於同一空間中。事實上，即使大人在一牆之隔的客廳看電視，也不能保證一定沒有干擾。

(5) **心理因素**：若白天或睡前受到驚嚇，例如：觀看恐怖片，或受到大人不論是否惡意的恐嚇玩笑，都可能讓幼兒入睡時驚慌害怕，難以入眠，或者入睡後驚醒。

(6) **其他不適感**：天氣、被褥、蚊蟲、生病、尿布等問題，也可能是幼兒睡不安穩的原因。

3. 惡夢（Nightmare）

學齡前的孩子因感受敏銳、想像力豐富，但抵抗威脅、排除困難的能力卻很弱，在缺乏安全感之下，特別容易作惡夢。若惡夢僅爲偶爾發生且安撫後可以恢復平靜，則毋須太過擔心，不過仍要注意是否白天發生了什麼事而導致惡夢，往後應儘量避免。若爲持續發生，則需要認眞關注，因爲這已不只是睡眠問題，或許還與孩子的心理健康有關。

(1) **白天或睡前受到驚嚇**：請見前文「(5)心理因素」。

(2) **家庭氣氛衝突**：家人是孩子最親密且依賴的對象。若家人之間關係發生裂痕、衝突，甚至暴力相向，則幼兒處於情緒不安、害怕、焦慮之下，睡眠必不安穩，也會常作惡夢。

(3) **生活壓力**：幼兒也會有生活壓力，壓力來源通常是生活型態的改變導致無法適應，例如：搬家、住在陌生的地方、剛開始上學、弟妹的出生等。

(4) **心理創傷**：幼兒若遭遇災害、意外或重大傷病，其心理創傷則更大於一般生活壓力。

(5) **不明原因**：有時幼兒持續惡夢或夜驚的原因不明，若實在一時找不出原因，大人亦毋須太過焦慮，或認爲孩子是個麻煩。在與孩子平時的互動中，尤其睡前或作惡夢後，應儘量傾聽其心聲，以同理心與孩子對話，讓孩子感覺到照顧者與他站在同一邊，會隨時保護他。若家中有信仰，亦不排除在寧靜、虔誠的氛圍下，藉由宗教的途徑尋求協助。惟正信與迷信之間的界線需要謹愼拿捏。

4. 夜驚（Night Terror）

夜驚之盛行率較惡夢低，約1～6%的幼兒有此現象。描述幼兒夜驚的父母常形容孩子「突然坐起、兩眼直視、表情驚恐，且時常伴隨尖叫」。此狀態可能持續10～20分鐘，期間呼吸急促、心跳加快，

之後幼兒會再度入睡。某些個案可能會在無意識中表現出激烈、甚至暴力的動作。夜驚與惡夢的不同處在於：

(1) 惡夢發生在快速動眼期，約在半夜；夜驚發生在非快速動眼期，發生時間較早。

(2) 幼兒從睡眠中哭醒時，若已清醒且可與大人對話，說明方才發生的事，則為惡夢；若驚醒時仍在半夢半醒之間，無視於大人的存在與安撫，亦無視於周遭環境的現實狀況，則為夜驚。

(3) 第二天早晨，幼兒若還記得前一晚的驚嚇，甚至餘悸猶存，則為惡夢；若已完全忘記，反而是大人仍在緊張焦慮狀態，則為夜驚。

(4) 夜驚有時會與夢遊同時發生。

以目前對夜驚的瞭解，可能與飲食不當、睡眠品質不佳、壓力等因素有關，也似乎有家族病史之特徵。夜驚通常在幼兒長大後自動消失，大人僅需耐心陪伴。極少數例子需要以藥物治療。其他方式如改善睡眠品質、改變睡眠模式等，亦為可行方法之一。

5. 夢遊（Sleepwalking）

根據統計，在所有的人口中，約有15%的人在孩童時期發生過至少一次的夢遊事件。在夢遊中，孩子會離開床舖，睜開眼睛，漫無目的的行走。動作雖不順暢，但能避開障礙物，甚至還可操作用具，有時也會說夢話。夢遊結束後，孩子又會回到床上，繼續入睡，隔天對此行為並無記憶。

夢遊發生的可能原因包括：

(1) 睡眠品質問題，例如：睡眠不足、過度疲累或作息紊亂。

(2) 壓力，例如：生病或發燒。

(3) 藥物或咖啡因影響。

(4) 與夜驚、睡眠呼吸中止及尿床等症候常合併出現。

如發現孩子夢遊，不要叫醒他，僅需引導他回到床上，否則很可能造成其意識混亂。為避免孩子感到自卑或焦慮，亦不要將夢遊事實告知他。如有可能再度發生，需收好家中危險物品，並鎖好門窗，以免孩子走出屋外。如發生次數頻繁，便需尋求醫療協助。

6. 睡眠呼吸中止（Sleep Apnea）

一般人，包括嬰兒，都有可能在睡眠中有呼吸暫停的現象。然而，若發生太過頻繁，或暫停時間超過20秒，便被視為異常。以下說明嬰幼兒睡眠呼吸中止的類型及後果。

(1) **睡眠呼吸中止的類型**

- 中樞型：為呼吸中樞異常造成。可能原因包括早產兒呼吸中樞發育不全，或母親懷胎時吸毒，導致新生兒中樞神經損壞。

- 阻塞型：因呼吸道阻塞造成。可能原因包括顱顏發育異常、呼吸道腫瘤、幼兒肥胖等。若幼兒睡覺時會打呼，或鼻息沉重，則應注意是否有阻塞型睡眠呼吸中止症。

- 混合型：為以上兩型的混合。

(2) **睡眠呼吸中止的後果**

- 幼兒睡眠品質不佳：阻塞型呼吸中止者，睡眠中吸入氧氣不夠，等到大腦偵測到呼吸困難導致氧氣濃度下降，便會發出指令，讓身體醒來，重新打開呼吸道，吸入新鮮空氣後再入睡。如此周而復始，睡眠無法連續，起床後精神仍然不濟，不但造成生長遲緩，且影響心情、學習及人際關係。有研究發現，阻塞型呼吸中止也與注意力不足過動症有關。

- 個體發育異常：嬰兒發育旺盛，睡眠期間又是生長激素分泌的期間，此時若身體缺氧，則可能引起智力受損或發育畸型。

- 嬰兒猝死症：嬰兒睡眠呼吸中止最令人戒慎恐懼之處，在於它可能導致嬰兒猝死症。雖然目前仍無法證明嬰兒猝死症一定是睡眠呼吸中止症造成，但兩者的確有關，例如：兩者皆在睡眠中發生，以及猝死者病理解剖符合窒息特點等。部分嬰兒猝死前會有「明顯危害生命事件」（Apparent Life-Threatening Event, ALTE），呼吸中止即為其症狀之一。其他症狀包括發紺（嘴唇、指尖變為青紫色）或蒼白、肌肉無力、嗆到或作嘔。發生ALTE時，一定要立刻將嬰兒送醫急救。

參 考 書 目

一、中文部分

T‧柯林‧坎貝爾（T. Colin Campbell）、湯馬斯‧M‧坎貝爾二世（Thomas M. Campbell II）著，呂奕欣、倪婉君譯（2010）。**救命飲食**。臺北：柿子文化。

呂斯宇等（2011）。**關鍵飲食**。臺北：書泉。

安部司著，陳玉華譯（2007）。**恐怖的食品添加物：還原食品製造現場！揭開添加物黑暗面！**新北市：世潮。

任彥懷等（2010）。**感覺統合遊戲與兒童學習**。臺中：華格納。

吳端文（2012）。**感覺統合**。臺北：華都。

施智尹等（2007）。**新編兒童營養與膳食**。臺中：華格納。

素人天然食研究會編著（2011）。**不吃假食物的第一本書：擺脫恐怖食品添加物**。新北市：世潮。

黃玉君、余攸寧（2010）。**臺灣幼兒運動遊戲課程與教學研究趨勢探討**。國立屏東教育大學2010年第三屆運動科學暨休閒遊憩管理學術研討會論文集。

葉世彬（2003）。孩童的睡眠問題。**臺灣醫界**，46(5)。

嚴金恩、黃怡嘉（2007）。素食與非素食兒童及其父母的飲食攝取與營養狀況之研究。*朝陽人文社會學刊*，5(2)，177-200。

二、英文部分

American Heart Association (2013). Children's cardiovascular fitness declining worldwide. *American Heart Association Meeting Report.*

Bergland C. (2013). Can Physical Activities Improve Fluid Intelligence? Scientists link aerobic fitness with improved cognition in healthy young adults. *The Athlete's Way* (website).

Bray, G. (2007). How bad is fructose? *American Society for Clinical Nu-*

trition.

Brooks, M. (2013). Fructose Effects in Brain May Contribute to Overeating. *Medscape Medical News, Neurology.*

Buckhalt, J. A. (2014). Poor Sleep Affects Children's Thoughts and Emotions: Brain imaging shows which areas are involved. *Child Sleep, From ZZZ's to A's, Psychology Today* (website blog).

Byars, K. C., Yolton, K., Rausch, J., Lanphear, B., & Beebe D. W. (2012). Prevalence, Patterns, and Persistence of Sleep Problems in the First 3 Years of Life. *Pediatrics* (online).

Chen, Y. C., Chen, P. C., Hsieh, W. S., Portnov, B. A., Chen, Y. A., & Lee, Y. L. (2012). Environmental Factors Associated with Overweight and Obesity in Taiwanese Children. *Paediatric and Perinatal Epidemiology, 26*(6), 561-571.

German, J., Freeman, S., Lebrilla, C., & Mills, D. (2008). Human Milk Oligosaccharides: Evolution, Structures and Bioselectivity as Substrates for Intestinal Bacteria.

Mangels, A. R., Messina, V. (2001). Considerations in planning vegan diets: infants. *Journal of the American Dietetic Association, 101*(6), 670-7.

Shrago, L. (1987). Glucose water supplementation of the breastfed infant during the first three days of life. *Journal of Human Lactation*, 3(3), 82-86.

Singh, M. (2005). Essential fatty acids, DHA and human brain. *Indian Journal of Pediatrics, 72*(3), 239-242.

Takahashi, Y., Kipnis, D. M., & Daughaday, W. H. (1968). Growth Hormone Secretion during Sleep. *The Journal of Clinical Investigation, 47*(9), 2079-2090.

Tzianabos, A. O. (2000). Polysaccharide immunomodulators as therapeutic agents: structural aspects and biologic function. *Clinical microbiology reviews*, 13(4), 523-533.

幼兒健康照護的方法
CHAPTER 4

☺ 前言

　　隨著幼兒死亡率的大幅下降、平均壽命的不斷延長與人口的急遽老化，目前臺灣對幼兒健康問題的重視程度，似乎不如老人健康的問題。幼兒缺乏自我照顧的能力，幼兒健康必須委由親近成人照護，但並非所有委託者均能妥適的照顧幼兒，此涉及照顧者的能力及觀念。幼兒健康照護是目前全球最受關注的健康管理議題，也是各國醫療福利政策規劃，不得漠視的要項與服務。因此，家庭、托育和教保機構的照顧者，對幼兒健康與安全的信念影響頗大，如何正確的幫助幼兒培養安全及健康的生活行為，是讓幼兒得以養成自我日後維護健康的行為之基礎。

　　本章節內容主要介紹瞭解清潔（洗手與如廁）的方法、處理發燒、腹瀉、痙攣、流鼻血、外傷、扭傷、眼睛及耳朵有異物等問題照顧的基本概念，讓將來從事幼保、幼教的學生能夠認識幼兒健康照護的方法，期能培養學生具備幼兒健康照護方法的知識，以維護幼兒生命的安全，進而提昇學生幼兒保育的專業知識。

☺ 第一節　瞭解清潔（洗手與如廁）的方法

一、瞭解洗手的方法

　　雙手是人與人之間傳播病菌的主要途徑。雙手若接觸過人類或動物糞便、體液（例如：鼻腔分泌物），或受汙染的食物或飲水，沒有使用肥皂清潔乾淨，細菌、病毒和寄生蟲便有機會經由雙手傳播給他人。洗手是提高個人衛生、預防傳染病最簡單且最有效的方法；然而，洗手必須落實，研究指出，「洗手不擦乾，還不如不洗」，因為如果手沒擦乾，手上細菌培養速度更快，病菌不減反增。調查發現，

超過六成民眾未落實洗手動作，例如：手沒擦乾就走、不使用洗手乳或肥皂只用清水洗手、上完廁所後草率洗手、洗手後將手上多餘的水用衣服或頭髮擦乾等，上述這些不正確的洗手方式，事實上是「洗了等於白洗」，並無法有效清除病菌。

洗手的好處除了促進健康外，亦可降低在家裡、幼兒園、學校及社區發生交叉感染的風險。近年來全球氣候變化大，呼吸道及接觸性傳染疾病（例如：流感、麻疹、腸病毒、水痘及腸胃道腹瀉疾病等）伺機而動。腸病毒流行季節多在每年4至9月，疫情於3月下旬開始上升，5月底至6月中旬達高峰。腸病毒傳染力雖強，但只要透過正確的衛生保健習慣及勤洗手，即可有效降低感染的機會。因此，洗手是防治腸病毒傳播最好的預防方法。

以下針對洗手的目的為何、何時需要洗手、如何洗手才正確加以敘述。

(一) 洗手的目的

汙染的細菌及微生物可在手上存活30分鐘到數個小時，且可藉由手部的接觸傳染給其他人，因此，洗手可以防止手部傳播，保護病患及醫療人員，同時也保護了家人。回家先洗手，才可以防止把手部的微生物帶回家。居家時的洗手亦可避免許多傳染病，且可防止病從口入。

(二) 何時需要洗手

建議洗手的時間為處理食物前、進食前、如廁後、打噴嚏或咳嗽後、處理排泄物或分泌物後、從外面返家或辦公室時、進出醫院前後、照護病患前後、摸完寵物後等。其實只要手部有髒汙，就要洗手。

(三)洗手的方法

研究指出，使用一般的洗手乳或肥皂，依正確搓揉步驟洗手，可以去除手上98%以上的細菌及微生物。但如果沒有依正確的洗手步驟洗手，或將洗手後手上多餘的水利用衣服擦乾，手上殘留的細菌數會不減反增，所以一定要執行正確的洗手方式。

當手上無明顯髒汙時，則可採用酒精性乾洗手液；但是此方法對腸病毒、諾羅病毒及輪狀病毒是無效的，故家中有小朋友的民眾，仍需使用一般用洗手乳或肥皂的洗手法洗手。

(四)正確洗手五步驟

幾年前因應SARS與腸病毒防疫，衛生福利部國民健康署大力推廣勤洗手運動，「溼、搓、沖、捧、擦」（見圖4-1）頓時成為各界熱門的口號。

1. 溼：在水龍頭下把雙手充分淋濕，包含手腕、手掌和手指均要充分淋濕。

2. 搓：雙手抹上肥皂或洗手乳，搓洗雙手的手心、手背、手指、指縫、指尖、指甲及手腕，最少要搓揉20秒以上，以消除手上病菌。

3. 沖：用清水將雙手徹底沖洗洗淨，雙手保持向下姿勢，避免水逆流回未洗的手肘部位。

4. 捧：捧水將水龍頭洗淨，因洗手前開水龍頭時，實際上已汙染了水龍頭。

5. 擦：以擦手紙將雙手擦乾，並以擦手紙包住水龍頭旋緊。

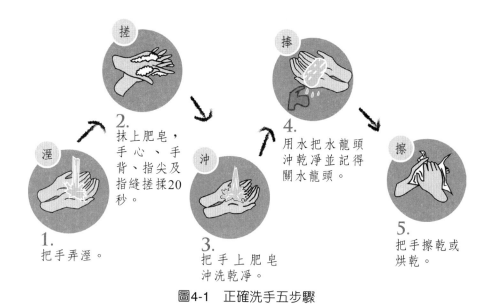

圖4-1　正確洗手五步驟

(五)洗手的注意事項

指甲、指尖、指甲縫及指關節等容易沾染病菌，故需隨時保持清潔，指甲縫應保持平整，無妝飾的指甲是最容易清潔的。戒指、手鐲、手錶等，會使局部形成一個藏汙納垢的特區，難以完全洗淨，故建議手上最好不要配戴飾品；如果無法移除飾品，則清洗時需一併洗淨。使用肥皂或洗手液的效果，比單獨用清水洗手效果較好。全部的洗手時間至少要45秒到1分鐘，搓揉雙手各個部位要15秒以上，才能達到有效清潔的效果。醫院均採用擦手紙擦乾雙手，若家中使用毛巾時，毛巾應保持清潔及乾燥，因毛巾容易孳生細菌，易將洗乾淨的雙手再沾上細菌。應用流動的水徹底清除肥皂或洗手乳泡沫。

洗手雖然只是小小的動作，卻有很大的益處，值得大家來學習並落實。洗手雖不一定可以杜絕病毒的感染，但確實可以降低接觸病毒的可能，以及感染病毒的數量，並且減低發病的危險性及嚴重度，是為保護幼兒最基本且重要的方法。

二、瞭解如廁的方法

幼兒在1歲半以前，神經肌肉還未發展成熟，走路不太穩，在某些能力未發展完善的狀態下，學習如廁是相當困難的事，也就是身體機能還未準備好，若強迫孩子控制膀胱，會妨礙孩子大小便的正常發展，甚至對日後的人格發展有所影響。一般來說，要訓練幼兒學會如廁，可以選在幼兒1歲半至3歲間，小便的控制會較容易。多數嬰幼兒在早期會在飯後不由自主的排便，再逐漸轉變到由自主神經控制排便。幼兒開始會走路，並表達特定的話語，神經發育也趨於成熟，漸漸能夠控制擴約肌，方便進行訓練。不過，每個幼兒達到以上條件的年齡不一，如果幼兒到了1歲半，身心發展及語言認知能力尚未成熟，也不用急著訓練，可視情況而定。夏季穿著的衣物較輕便，可以輕鬆幫幼兒穿脫褲子，就算幼兒不小心尿濕褲子，也比較不會著涼。大部分的嬰幼兒會由一天多次排便逐漸減少次數，進而控制到理想的一天一次。一般而言，女幼兒的語言發展會比男幼兒還早開始，所以，訓練女幼兒的時間點也可能比男幼兒稍早一些。

如廁的方式是男女有別的，因為身體構造的不同，男幼兒與女幼兒的如廁方式亦有所差異。依照性別教導，幼兒可以藉由模仿，學習也能更快。在教導男幼兒時，首先，示範脫褲子與坐上馬桶的動作，等幼兒要實際學習的時候，從旁稍加協助，幾次後就可放手讓孩子試試看。等男幼兒年齡稍大一些，爸爸就可以教他站著上廁所的方法，除了瞄準小馬桶之外，也要扶助男幼兒的泌尿器官，輕輕甩一甩，告訴他這樣才能算尿乾淨。女幼兒如廁的動作較為簡單，只有蹲與坐兩種方式，如廁動作示範之後，再提醒她屁股要對準馬桶內的洞，就能讓她知道正確的大小便動作。此外，要叮嚀女幼兒，上完廁所後，必須用衛生紙擦淨，動作是由前往後（由尿道擦至肛門），才能避免尿道感染。

　　成人馬桶對幼兒來說還是有些偏高，導致幼兒在上廁所的時候，雙腳可能會下意識打直，然而在大腿與軀幹呈彎曲的情況下才容易促進解便，所以可以準備一個兒童用的小馬桶；如果直接用成人馬桶，則需再準備一張小矮凳，放在幼兒的雙腳下方，讓他的腳能夠彎曲著地。

　　幼兒在馬桶上坐了好久，但就是沒有任何排泄物出現，這樣其實對幼兒的身體不好；遇到這種情況，照顧者可以試著在旁邊發出「嗯嗯」的聲音，誘導幼兒一起發出聲音，可以讓肌肉更有力量，幫助排便。幼兒被帶到小馬桶旁邊的時候，剛開始可能不曉得其目的是希望他上廁所，不過，在每次如廁的時候都讓他聽到「嗯嗯」這個語助詞，能具有潛移默化的作用。

第二節　處理發燒、腹瀉、痙攣、流鼻血、外傷、扭傷、眼睛及耳朵有異物等問題的照顧

一、處理發燒問題的照顧

　　發燒是幼兒在生病時，最常表現出的症狀。發燒不一定代表生病，但發燒可能是疾病的一種臨床表徵，雖然並非疾病本身，但它可能是在警告身體出現問題，需要注意或是治療。

　　引起發燒的原因可輕可重，可能是身體的某部位受到感染所出現的發炎現象，或是外在環境的氣溫太熱、吃過熱食、運動、穿過多衣服或洗熱水澡等，都可能暫時使體溫輕微升高。不過，若發燒合併有咳嗽、嘔吐、腹瀉等症狀，則有可能是患了呼吸道或腸胃道等疾病。總之，發燒所顯示的訊息很多，照顧者可從特定的指標判斷其程度是否嚴重。

　　量體溫是判斷發燒程度的指標，6個月內的寶寶以量腋溫或肛溫為主，每次測量的時間至少需要1分鐘會比較準確。至於耳溫槍的使用，比較適合6個月以上的寶寶，因為6個月內的寶寶耳朵洞口較小，可能會與耳溫槍的尺寸不合，而有失準的情況發生。量體溫前，需將溫度計的溫度甩到37℃以下才可使用。以不同的方式測量體溫，發燒標準也不同，千萬不要只用手去感覺小孩有否發燒。表4-1為常見的量體溫方式、發燒的溫度及注意事項。

表4-1　常見的量體溫方式、發燒的溫度及注意事項

量體溫的方式	發燒溫度	注意事項
腋溫	> 37℃	需放在腋下4分鐘，再量體溫
口溫	> 37.5℃	5歲以上的小朋友才適合開始量口溫，即放置於舌下，嘴巴緊閉3分鐘
肛溫	> 38℃	放在肛門內2.5公分左右，維持2分鐘
耳溫	> 38℃	新生兒的耳道較小，耳溫槍必須合適，才能測到正確的溫度

資料來源：作者自行整理。

(一)如何照顧發燒的幼兒

　　發燒本身若引起小孩不舒服，可使用退燒方法退燒，目的是讓小朋友舒服。發燒時給予的護理可以依發燒的不同階段，提供合適的處置。幼兒發燒時，不應該穿更多衣服使他排汗降低體溫，這是照護者常見的一種錯誤方式，這只會讓身體無法散熱，甚至惡化。

　　發燒在溫度38.5℃以下時，可改善室內空氣的流通，使室內溫度降低，也可將嬰幼兒衣服減少或打開，使熱容易散失掉。但在發燒前如有發抖畏冷的情形，可先用衣物覆蓋，減少不舒服的感覺。洗澡時以溫水拭浴，使皮膚毛孔擴張可幫助散熱，也可以使肌肉放鬆，感覺會比較舒服。補充水分有助於發汗，而且可調節溫度使體溫下降，補

充體內的失水。另外可使用冰枕或冰袋，放在腋下或腹股溝大動脈經過處，以降低體溫。

當發燒超過38.5℃且有不舒服的感覺，或者體溫超過39℃，就可以使用退燒藥物。很多家長擔心先讓幼兒服用退燒藥，會影響醫師對於病情或病因的判斷。其實醫師判斷幼兒高燒的病因與是否服用退燒藥物無關，若高燒超過耳溫39℃不退，建議家長還是先給予退燒藥，否則等到送醫治療時，可能會因為體溫太高而出現熱痙攣的現象。若病童有熱痙攣的病史，則可以在發燒初期，體溫尚未超過38.5℃之前使用退燒藥。一般退燒藥物使用後約30分鐘即可產生效果，但不會使體溫完全降到正常範圍，只要感染存在，體溫可能又會上升。

當使用退燒藥物30分鐘後，體溫仍然很高時，可以使用約40℃左右的溫水擦拭身體或洗澡。但切記不可在使用藥物前做溫水拭浴，或使用酒精及冰水拭浴，這不僅達不到降低體溫的效果，還可能會令幼兒發抖、甚至抽搐，甚至過一會兒，溫度會升得更高。

以上兩種狀況依方法處理後，家長可等1小時後再幫幼兒量第二次體溫，若還是沒有退燒，家長可依幼兒的活力狀況判斷，若和平時一樣，還是能吃又能玩的話，可以至第二天再送醫治療；但是若寶寶的精神萎靡、活動力差，有吃不下、哭鬧的狀況，則建議送醫治療。當幼兒連續發燒3天，則需立刻送到急診室求診並住院觀察。

二、處理腹瀉問題的照顧

就醫學臨床上來說，只要是幼兒的大便形狀成糊狀，甚至是稀水狀，或者大便帶有黏液，而且每天拉的次數大於4、5次以上，就可以說是腹瀉了。一般而言，幼兒每日的排便次數，會隨個人體質和餵養方式而不同。通常餵母奶的嬰幼兒每天排便約6～8次，便便呈現如蛋花般的糊便；餵配方奶粉的幼兒則排便次數較少，便便呈現黃

95

色且通常較成形而硬。因此，家長在判斷寶寶是否正在腹瀉時，應該先以常態性的排便狀況為依據，再參考以下三項指標：(1)排便次數比平時增多（例如：由平常每日的3～4次增為7～8次）；(2)大便異常，大便形狀呈水稀狀，顏色從金黃色變成淡黃色、綠色，或者便便帶有血絲、黏液等；(3)幼兒哭鬧不適，寶寶有腹痛哭鬧的情形，並伴隨發燒、嘔吐等症狀。若是整個腹瀉病程在兩個禮拜之內結束，就是急性腹瀉；反之，超過兩個禮拜以上，就是慢性腹瀉了。

幼兒腹瀉的原因，大致可分為以下三種：第一種是與飲食有關，例如：食物不潔、食具的汙染、吃壞肚子、對牛奶過敏、乳糖不耐、牛奶沖泡得太濃或是副食品添加得不適當等。一般來說，幼兒的腹瀉若只是單純的拉肚子，並不伴隨有高燒，通常可能是因飲食不慎，或器皿、雙手不乾淨而導致的腸胃炎腹瀉。第二種是與疾病感染有關，由病毒或是細菌所引起的腸胃炎，例如：感冒中耳炎、咽炎、肺炎及近兩年流行的腸病毒等，也有可能造成腸道外感染而導致幼兒腹瀉。若是病毒或細菌感染造成的腹瀉，則要先針對該病毒造成的症狀治療之後，才能緩解腹瀉問題。第三種則與器官問題有關，例如：腸道本身的炎症疾病、消化功能異常、或者幼兒先天腸胃體質不佳等。其中，腸道內外的細菌或病毒感染是幼兒腹瀉最大的致病原因。

腹瀉不但讓幼兒變得虛弱、不舒服，有時甚至可能危及生命。要細心觀察幼兒的病程變化，必要的話，可保留幼兒的排泄物，或仔細觀察幼兒腹瀉排泄物的形狀、顏色、氣味與頻率，以方便醫生的病情判讀及用藥參考。

(一)如何照顧腹瀉的幼兒

幼兒腹瀉時，只要瞭解原因所在，便可以配合醫生的指示服藥，讓幼兒儘早脫離腹瀉的痛苦。

(二)給予緩瀉劑

症狀厲害時，可適量給予緩瀉劑，但應避免止瀉藥。止瀉劑（例如：Imodium）是屬性較強的藥物，若在沒有醫師的指示下服用，可能會造成幼兒的腸子停止蠕動、嚴重嘔吐、腹痛等問題產生。

(三)改變食物

如果幼兒還在吃奶階段的話，則可以先將奶粉稀釋調淡，而且儘量少量多餐，一次不要餵食太多分量，以免增加腸胃負擔，觀察一、兩天，看看情況是否好轉。若是腹瀉的期間持續超過兩個禮拜以上，則要考慮是不是幼兒對奶粉適應不良，需要轉換成其他特殊配方奶粉。較大幼兒可改餵以稀飯、白吐司等清淡食物為主。

(四)補充水分和電解質

幼兒腹瀉時，身體會失去水分和電解質，導致有眼窩凹陷、沒有眼淚、口乾舌燥等症狀，這就是脫水現象。一般而言，建議2歲以下幼兒使用專用的口服電解質液，可補充水分和電解質，之後再視腹瀉情況的改善，適度增加奶水的餵食；2歲以上的幼童則可以補充以1：3水分稀釋的運動飲料。要注意的是，照護者不要只是補充水分，因為太多的水分可能會造成幼兒水中毒及抽筋等症狀產生。

(五)通風消毒和臀部清潔

幼兒腹瀉生病的時候，要特別注意室內居家環境的通風。尤其照顧者在照顧完幼兒之後，要將雙手用肥皂清洗乾淨，奶瓶也要放入沸水中消毒30～60分鐘。由於腹瀉次數增多，容易造成幼兒紅屁股和尿布疹的發生，特別注意要勤於更換幼兒的尿布。每次幼兒腹瀉後，可用溫水清洗臀部和肛門四周。洗的時候要由前往後洗，也就是先洗外陰部，再洗肛門，這樣可以避免髒東西順勢進入尿道而造成感染，這對女幼兒尤其重要。

(六)嚴密觀察幼兒

若進行以上方法後仍不見好轉且出現以下兩種症狀時，則需速帶幼兒去醫院就醫診治：

1. 幼兒出現以下脫水症狀

(1) 體重急速下降。

(2) 皮膚乾裂、失去彈性，乾嚎，哭的時候流不出眼淚。

(3) 囟門凹陷。

(4) 呼吸急促。

2. 幼兒可能患細菌性腸胃炎

若幼兒的便便帶有血絲以及黃鼻涕般的黏液時，可能是感染了細菌性腸胃炎，需趕快帶幼兒去醫院進行診治。

三、處理痙攣問題的照顧

腦神經細胞猶如電腦網路般，本身的傳導亦屬電性的活動。如過度興奮而造成大量放電，則會引起身體和四肢不正常的抽搐，即所謂「痙攣」；如腦部有經常性的放電，表現出反覆性的抽筋，即為「癲癇」。造成痙攣的原因很多，常見如中樞神經感染、頭部外傷、電解質失調及幼兒常見的「熱痙攣」。熱痙攣好發於年齡6個月到5～6歲大的小孩，發生率約為3～4%。患者在痙攣發作時，常有發高燒的症狀，時間為數分鐘，癒後佳。

痙攣的表現有非常多種，一般民眾印象中的「口吐白沫、四肢僵直、抽動」只不過是其中「大發作」的一種，其他表現可以是短暫的失神、尖叫、傻笑、像自由女神般地舉手、四肢跳躍式地抖動、臉部異常地抽動等，甚至有些小朋友以精神發作來表現，而被誤以為是精神疾病的也時有所聞。

診斷的依據，主要為臨床的症狀及病史，加以腦電波的證實（腦

電波可見有異常的放電）。癲癇需要每日服藥治療及預防發作。一般而言，吃藥之後，連續2年不發作，且腦電波經治療後恢復正常，治癒的機會有70%。至於「熱痙攣」，因為不是癲癇，而是一種因發燒而誘發發作的體質，除非是經常性的發作，一般認為不需長期服抗癲癇藥物治療。

‧如何照顧痙攣的幼兒

有痙攣的患兒應生活規律、睡眠充足，避免生活壓力，避免過度注視螢幕，因強光刺激而發作；痙攣尚未控制穩定時，避免劇烈運動；記得規律服藥，以免體內的藥物濃度驟降而再度發作；服藥時間最好避開其他食物，間隔半小時以上；發燒時應儘早就醫，找出病因，控制發燒。

當痙攣發作時，周邊的人應保持冷靜，鬆開頸部的緊身衣物，將患兒的頭側向一邊，身體平躺，或頭部略低，以防嘔吐物倒吸，造成窒息；避免強塞東西入患兒的口中，以防二度傷害，造成窒息；觀察並記錄抽動的模式；切勿過度用力拍打小孩，以免造成無謂的外傷；緊急就近送醫。

四、處理流鼻血問題的照顧

幼兒流鼻血常見的原因有以下幾種情形：

(一) 碰撞外傷重擊

幼兒的活動力旺盛，喜好追逐、跑跑跳跳，難免引致跌倒、碰撞傷，導致脆弱的鼻子出血。

(二) 鼻腔異物

幼兒處於好奇與探索期，常常喜歡將小珠子或小玩具塞入鼻腔，

造成鼻黏膜受傷或出血。有時也會因為有挖鼻孔的習慣，造成流血，甚至造成繼發性的感染。多注意幼兒玩耍的情況、教導幼兒不要隨便摳挖鼻孔，以及及時教育孩童戒掉不良玩耍習慣，都是很重要的。

(三)天氣乾冷影響

幼兒在天氣乾冷的時候，鼻腔內微細的血管為了維持適當的溫度與濕度，會有較多血液流入，稍微碰撞或搓揉都有可能導致流鼻血。

(四)身體疾病徵兆

在感冒的時候、或在鼻子過敏或患鼻竇炎的時候，會因為鼻子不舒服而揉鼻子、擤鼻涕，因而讓原本就脆弱的黏膜破裂、流血。血癌、血友病、血小板過低，或肝臟、腎臟病症等凝血機能的問題、高血壓、或血管瘤疾病，早期可能會以流鼻血來表現。機率雖然極低，但若流鼻血是經常性的，仍要多加注意，早期發現、早期治療，成效較好。要是鼻血經常性地流個不停，就要小心是不是鼻腔長了腫瘤，有必要就醫詳細檢查。

(五)鼻中隔彎曲

由於一側鼻孔較窄，氣流的流速增加，黏膜容易乾燥、不舒服，常不自覺的去摳鼻孔而造成流鼻血。

(六)如何預防幼兒流鼻血

在日常生活中，若家中幼兒本來就較容易流鼻血，平常可以在鼻腔內部塗抹凡士林或保濕的軟膏，以進一步改善鼻腔黏膜乾燥的情況。

照顧者要注意有過敏性鼻炎的幼兒，應隨時留意日常生活的環境與作息，季節變換之時多注意，不要讓幼兒鼻子長時間處於過敏狀態下，減少曝露在過敏環境中，以減少流鼻血的機率。可使用鼻腔清洗

劑來清洗鼻腔，藉此可以減輕過敏的症狀。規律睡眠、不熬夜，多運動健身，多接觸大自然，比如爬山，皆可以增加免疫力。

季節變換之時，避免受冷空氣的刺激，幫幼兒的鼻子保暖，如戴口罩，減少冷空氣對鼻腔黏膜的刺激。秋冬季節空氣乾燥，少吃容易上火的零食，多吃新鮮蔬果，並注意補充水分。冬季不要盲目進補，以免引起燥熱性鼻出血。

正確的鼻腔保健習慣有：當幼兒鼻腔乾燥時，可用石蠟油、甘油滴鼻，或用棉團蘸淨水擦拭鼻腔；控制劇烈活動，避免鼻外傷；此外，要讓幼兒養成良好的生活習慣，不要隨意摳挖鼻孔。

(七) 如何照顧流鼻血的幼兒

當幼兒流鼻血時，要注意保持呼吸道通暢，防止血液經後鼻孔流入口腔，更要指導幼兒把流入口的血液儘量吐出，防止血液嚥下後刺激胃腸道引起噁心、嘔吐或幼兒誤吸入呼吸道而引起窒息。常見的止血與照顧方式有以下幾種：

1. 保持直立前傾

將幼兒的頭部保持正常直立或稍微向前傾的姿勢，而不是往後仰，才不會干擾到正常呼吸，甚至因鼻血倒流而嗆到；且直立能將已經流出的血液，順利排出鼻孔外。

2. 捏住鼻翼上方

用手直接捏住幼兒出血側的鼻翼上方（鼻子較為柔軟處），直接加壓止血，壓迫約5～10分鐘左右，直至不會出血為止。另一側未流血的鼻孔不需壓迫，以維持正常呼吸。

3. 冰敷鼻根及鼻頭

若為加強效果，則可以用紗布包著冰塊，接著冰敷鼻根及鼻頭約5～10分鐘，讓鼻腔內的微細血管收縮，幫助止血。通常大部分的幼兒流鼻血，經由此方法即可順利止血。

4. 必須確認肇因

若流血不止，代表出血位置是在較為後端或難以察覺的地方，待血止住後，可帶幼兒至耳鼻喉科查明出血的位置及原因。因為若幼兒出血的位置是在鼻腔的後處，較不易處理，需查明原因以防止下回再度出血。若幼兒哭鬧不止、不停嘔吐或意識不清，不要忽略這些徵兆，代表創傷可能還包括頭部的撞擊、甚至顱骨骨折，就算鼻血止住，仍應緊急送醫治療，切勿延後就醫的時間，造成幼兒的傷害。

(八) 錯誤並應避免的止血與照顧方法

當幼兒流鼻血時，忌用紙卷、棉花亂塞，這不但起不到止血作用，不乾淨的紙卷及棉花反而會引起炎症。

此外，因幼兒年齡尚小，當出血突然發生時，往往手足無措。此時，父母更是需要保持鎮定，教導幼兒做緩慢而深的呼吸，以充分放鬆。

五、處理外傷問題的照顧

幼兒在生活中不可避免地會出現一些外傷，照顧幼兒要注意避免外傷發生。以下是常見發生於幼兒的外傷及其相對應的照顧方式：

(一) 皮膚出現瘀血 (擠傷或砸傷)

瘀血多是外力導致皮下微血管破裂，血液從微血管破裂處滲至皮下，所以在完整的皮膚上可以看到一片瘀青，此時，外滲至皮下的血液已屬異物，而且皮下神經豐富，因此疼痛感明顯。

如果受傷部位是胳膊或腿，那就將胳膊或腿抬起，可助消腫。如果皮膚上出現瘀血，應趕緊用涼水或冰塊冷敷消腫。若是在眼睛周圍，則使用冷毛巾敷著就好，才不會因為太冰而引起不適。24小時後，則可以用溫水熱敷患處，敷多久則視狀況而定，有時可以連敷3

天，一天3次，一次10～15分鐘。如果是不方便熱敷的部位，可採泡溫水的方式代替，以促進局部血液循環，加速瘀血消散。一般來說，皮下瘀血都能被機體慢慢吸收，時間大約需要2週。

（二）擦傷、刮傷

幼兒跑跑跳跳的過程，很容易因跌倒而形成擦傷或刮傷。擦傷或刮傷是皮膚與粗糙表面磨擦所造成的表淺傷口，傷口雖會緩慢地滲血，但深層組織仍是完整的。如果傷口小而淺，僅擦破表皮，對不流血的傷口應及時用涼開水清潔傷面，由內向外旋擦洗去汙物，塗紅藥水或紫藥水。如果傷口較大，出血較多，必須先止血，把傷部抬高，立即送醫院處理，必要時可使用破傷風抗毒素或抗菌素。

（三）撞傷、跌傷

幼兒喜歡爬上爬下，因而容易出現跌落撞傷的意外。假如幼兒跌落撞傷後雖有瘀青，但是活動力並未受到影響，就代表骨頭沒問題。幼兒跌落後，除了處理好外傷外，也要注意顱內及內臟有無損傷，照顧者可根據其神志和表情來判斷，幼兒若有神情呆板、反應遲鈍，或有嘔吐、嗜睡、頭暈、頭痛，或呼吸動作不均勻、有間歇，這些都表示病情嚴重，可能是顱內或內臟損傷，應立即送醫就診。

（四）燒燙傷

幼兒喜歡跑到廚房四處觸摸，一不小心就會被燙到。輕微燙傷時只有紅腫，但嚴重時會起水泡，更嚴重的燙傷會導致深層組織的壞死。當幼兒不慎受到燒燙傷，最好儘速就醫治療。不要在受傷部位塗抹米酒、醬油、牙膏、漿糊、草藥等，這些東西不但無助於傷口的復原，還容易引起傷口感染，並且影響醫護人員的判斷和緊急處理。「沖、脫、泡、蓋、送」五步驟，是燒燙傷意外的最佳處理原則。

1. 沖：以流動的清水沖洗傷口15～30分鐘，以快速降低皮膚表

103

面熱度。如果無法沖洗傷口，可冷敷。

2. **脫**：充分泡濕後，在冷水中小心除去衣物，必要時可以用剪刀剪開衣服，或暫時保留粘連部分，儘量避免將水泡弄破。

3. **泡**：在冷水（加冰塊）中持續浸泡15～30分鐘，可減輕疼痛及穩定情緒。如果燒燙傷面積太大或幼兒年齡較小，則不必浸泡過久，以免體溫下降過多或延誤治療時機。

4. **蓋**：用清潔乾淨的床單或布條、紗布等覆蓋受傷部位，避免引起傷口感染。

5. **送**：立即送往有燒燙傷中心的醫院急救、治療。

(五)咬傷

家中如有飼養小動物，孩子很可能在與寵物玩樂的過程中被意外咬傷。長牙中的幼兒，亦常因長牙帶來的成長痛，造成身體的不適，在遊戲中互相咬傷對方。咬傷屬於髒的傷口，很容易被細菌感染，因此，清洗消毒格外重要。必要時可使用破傷風抗毒素，或給予人類狂犬病疫苗注射。

(六)一般傷口處理步驟

一般而言，傷口的處理有以下五個常見的步驟：

1. 清潔

不乾淨的傷口一定要清洗乾淨，但如果傷口很乾淨（例如：燙傷、撞傷），就不需要強調清洗的步驟。建議可以用生理食鹽水或煮過的溫開水，清洗幼兒的傷口。

2. 止血

一般而言，將紗布按壓在傷口上10分鐘，多數都能達到止血效果。若血液是跟著心跳的頻率噴射而出，就表示已傷到動脈，必須立即就醫，並且在送醫過程中要持續壓迫止血。

3. 消毒

止血後擦上消毒水消毒。許多家長誤以為雙氧水可以用來消毒，實際上，雙氧水的功用在於幫助清洗較深的傷口，如懷疑傷口內有不乾淨的東西，才需要使用雙氧水，利用其產生之氣泡將不乾淨的東西沖出來。建議較髒的傷口用清水沖洗即可，沒有必要用到雙氧水。

4. 包紮

較髒、較深、有分泌物的傷口，宜先用生理食鹽水沖洗並包紮後送醫請醫師處理，乾淨的傷口則不需要包起來。

六、處理扭傷問題的照顧

幼兒活動力強，跑跑跳跳動個不停，因此，受傷是司空見慣、防不勝防的事。幼兒跌倒、摔倒常會造成肩膀、腳踝關節扭傷，不過，幼兒的復原力很強，扭傷應該兩、三天就會好。然而，跟成人比起來，幼兒較容易發生骨折或扭傷，因為兒童的骨頭沒有韌帶強壯，而且兒童骨折很容易發生在生長板的地方，如果過了兩天還沒好，就該提高警覺。

要小心的是，不少幼兒跌倒時造成的骨折，常被當成扭傷處理，導致延誤病情、症狀惡化。扭傷通常是指韌帶的損傷，常見於膝關節及踝關節，可分為一度扭傷：韌帶的過度伸展卻無明顯斷裂，輕微的腫痛，功能稍減卻不影響關節的穩定性；二度扭傷：部分韌帶的斷裂，導致明顯的腫痛，關節的活動範圍減少，穩定性變差；三度扭傷：韌帶全部斷裂，有明顯的血腫及痛楚，關節的活動功能喪失且不穩定。一度及二度扭傷不需緊急處理，或稍以彈繃包紮，即可送醫；三度扭傷需以彈繃包紮，夾板固定，再送醫院做進一步治療。

發現扭傷後，立即停止動作，因為適當的休息是需要的。未經正確良好治療的患者，再次損傷的可能性是經治療患者的3～4倍。可

105

將扭傷部位的衣物或鞋帶鬆解。如果是腳踝扭傷，應先用枕頭把小腿墊高。剛扭傷時，千萬不要按摩、揉搓，以免加重損傷。宜以冷水或冰塊冷敷受傷部位約15分鐘，如沖涼水、敷冰袋等，而且愈早愈好，在較短時間內使受傷的地方溫度降低、局部血管收縮、阻止進一步的內出血和疼痛。在家中冷敷，先把毛巾或紗布浸在冷水中，然後敷在受傷的地方，2～3分鐘更換一次，持續20～30分鐘。另外，還可以用冰水或冰塊冷敷，方法是，把冰水或冰塊裝入熱水袋或塑料袋內進行外敷，每次10～15分鐘。並用手帕或繃帶紮緊扭傷部位，固定受傷關節，防止韌帶鬆弛，使扭傷完全恢復，有效的防止後遺症發生，也可減輕腫脹。48小時後，可對傷口做熱敷或按摩，以促使血液循環加速，消退腫脹。注意要先冷後熱，受傷後要首先採取冰敷，可減緩炎性滲出，有利於控制腫脹。一般來說，48小時後可轉為熱敷，加速血液循環。扭傷常伴有骨折或關節脫位，當幼兒覺得疼痛日漸加重時，應去醫院就診。

七、處理眼睛及耳朵有異物問題的照顧

　　眼、耳是人體重要的器官之一，亦是最容易受外物侵入的兩大管道。眼睛跑進沙子或耳朵浸水，除了會感到不舒服之外，眼中有異物時，如沒有詳加治療，可能會導致結膜炎、甚至角膜炎，進而影響日後視力的發展。耳中有異物時，幼兒會因不舒服而猛摳耳朵，如果沒有及時加以處理，時間一久，耳朵將會產生紅腫、發臭的現象，聽力當然大受影響。當異物進入幼兒體內（或器官）時，最忌諱的是家長們的輕忽，因為如不加以處理都可能造成發炎的後果。此外，切勿依自行的判斷來處理異物或任意塗抹藥物，這樣不僅會影響醫師的診斷，更可能因不當的用藥而造成副作用。當發生異物傷害時，最佳的方式是請醫師幫忙取出。

異物進入眼裡，會出現怕光流淚、不敢睜眼等現象。此時，千萬不能用手揉眼睛，因為用手揉眼睛，不僅異物出不來，反而會使角膜上皮擦破，使異物深深嵌入角膜，疼痛加重，容易引起細菌感染，發生角膜炎。正確的作法是輕輕提起眼皮，如此反覆進行，使異物隨著眼淚的沖洗，隨眼淚自行排出，或翻轉上下眼皮，檢查瞼、結膜、瞼穹窿部有無異物，如有，再用消毒棉花棒或乾淨的手帕將異物拭除。如果異物在角膜上難以拭除時，則必須去醫院請醫生清除。

異物侵入眼睛時，處理的五步驟如下：

(一)控制住幼兒雙手

眼睛會因遭異物入侵而產生不適感。多數幼兒難免會用手去揉眼睛，卻因此造成更大的傷害，所以，當懷疑幼兒因眼睛有異物而去揉眼時，首先需將幼兒的雙手控制住，以避免幼兒去揉眼睛。

(二)準備乾淨的水、湯匙

迅速準備一杯乾淨的水（必須是經過煮沸的冷水）或礦泉水，以湯匙盛水來沖洗眼睛。

(三)向受傷的一側傾斜

將幼兒的頭部傾向受傷眼睛的那一面（例如：左眼受傷則向左面傾斜），慢慢用乾淨的水沖洗受傷的眼睛約5分鐘。

(四)閉眼睛

待不適感稍稍緩和，可試著讓幼兒閉起眼睛，讓淚水流出，藉此讓異物能隨淚水自然流出眼睛。

(五)儘速送醫

由於照顧者很難自行判斷異物是否已經取出或對眼睛有無傷害，因此，建議無論異物取出與否，仍需至醫院做進一步的檢查與診斷。

　　異物進入耳朵時，可依異物不同的性質而有不同的處理方式：若是普通異物進入耳朵，首先不可以掏挖耳朵。千萬不要用尖銳物幫幼兒掏挖耳朵，也不要讓幼兒用手掏挖耳朵，以免將硬物推入耳道的深處，甚至傷害到耳膜。另外，可以將異物進入的一側耳朵朝下，依靠地心引力讓異物自行滑出。若是昆蟲進入耳朵，首先利用亮光讓昆蟲爬出來，利用昆蟲的向光性，讓耳朵對著檯燈或者用手電筒照射，昆蟲就會向著有亮光的地方爬出來。另外，用油質液體引昆蟲爬出來，可以在耳道內滴入幾滴橄欖油或嬰兒油等油質液體，以隔絕空氣，使昆蟲窒息死亡，再將耳朵朝下，讓昆蟲隨液體流出耳朵。若是水進入耳朵，首先可以幫助幼兒將進水的耳朵朝下，然後單腳跳，有異物的情況也一樣。另外，也可以用棉花棒或衛生紙輕輕深入耳中，將水吸出來，深入的過程中一定要把握分寸，幼兒的耳道淺，非常細嫩，很容易受傷。

結語

　　健康的兒童是社會的真正財富。聯合國兒童基金會強調，評估一個國家水平最簡單的方法，就是評估該國家是否關心兒童健康，因為讓兒童有一個健康的開始，是各國政府必須優先關心的施政重點。運用新的科技與知識，提供周延的幼兒健康照護以提昇幼兒健康，是我們持之以恆的目標。以流行病學的角度來看，胎兒或幼兒成長階段的環境暴露及健康狀況，與成人時期健康和疾病有密切關聯，故早期生命健康已為國際上重要健康政策議題。近年來，臺灣面臨了社會及人口的快速變遷，例如：貧窮問題加劇、婦女勞動參與率提高、異國聯姻家庭盛行，以及婚姻家庭組成和解離等，皆與幼兒生長環境及其健康息息相關。如何讓臺灣地區的每一個孩子，都能在安全健康的環境中快樂成長，是每一個家庭、社會及國家責無旁貸的責任。

　　本章節透過瞭解幼兒如何清潔（洗手與如廁）的方法、如何處理幼兒發燒、腹瀉、痙攣、流鼻血、外傷、扭傷、眼睛及耳朵有異物等之幼兒健康照護的方法，讓將來從事幼保、幼教的學生能真正認識與瞭解幼兒健康照護的方法，藉以增進教保服務人員具備幼兒健康照護之專業知能、提昇教保服務人員幼兒安全及健康照護專業知能之應用能力，以及建立教保服務人員正確的幼兒健康照護知能，以維護幼兒安全與身心健康。

參考書目

一、中文部分

連心瑜等（2006）。嬰幼兒保健與疾病護理。臺北：啓英。

馮瑜婷（2005）。兒童疾病預防與照護。臺北：華格納。

周怡宏等（2003）。嬰幼兒疾病與保育實務。臺北：華騰。

王冠今（2000）。嬰幼兒保健與疾病。臺北：華騰。

王淑惠等著（2004）。幼兒生理學。臺中：華格那。

劉培新編著（2005）。幼兒生理學。臺北：群英。

黃美惠等譯（1995）。幼兒健康、安全與營養。臺北：心理。

曾如敏等（2014）。嬰幼兒健康評估。臺中：華格納。

陳淑姬等（2014）。嬰幼兒健康照護。臺北：華都。

認識燒傷之燒傷的面積。財團法人陽光社會福利基金會。2013年12月13日，取自 http://www.sunshine.org.tw/services/target_burn2012_02.asp

吳百祿譯（2004）。嬰幼兒安全、營養與健康：健康篇。臺北：華騰。

鄭玉珠等（2002）。幼兒衛生保健。臺北：啓英。

二、英文部分

Brouwer, D. H., Boeniger, M. F., & van Hemmen, J. (2000). Hand wash and manual skin wipes. *Annals of Occupational Hygiene, 44*(7), 501-510.

Kampf, G. & Ostermeyer, C. (2004). Efficacy of alcohol-based gels compared with simple hand wash and hygienic hand disinfection. *Journal of Hospital Infection, 56*, 13-15.

Hübner, N. O., Kampf, G., Kamp, P., Kohlmann, T., & Kramer, A. (2006). Does a preceding hand wash and drying time after surgical hand disinfection influence the efficacy of a propanol-based hand rub? *BMC microbiology, 6*(1), 57.

Foxx, R. M. & Azrin, N. H. (1973). Dry pants: A rapid method of toilet training children. *Behavior research and therapy*, *11*(4), 435-442.

Matson, J. L. & Ollendick, T. H. (1977). Issues in toilet training normal children. *Behavior Therapy*, *8*(4), 549-553.

Chang, S. J., Tsai, L. P., Hsu, C. K., & Yang, S. S. (2015). Elevated postvoid residual urine volume predicting recurrence of urinary tract infections in toilet-trained children. *Pediatric Nephrology*, 1-7.

George, T. (2013). Pilot project launched to provide toilet training in schools. *NURSING*, *25*(5), 5.

Chiappini, E., Venturini, E., Principi, N., Longhi, R., Tovo, P. A., Becherucci, P., & de Martino, M. (2012). Update of the 2009 Italian Pediatric Society Guidelines about management of fever in children. *Clinical therapeutics*, *34*(7), 1648-1653.

Duggan, C., Santosham, M., & Glass, R. I. (1992). The management of acute diarrhea in children: oral rehydration, maintenance, and nutritional therapy. Centers for Disease Control and Prevention. *MMWR. Recommendations and reports: Morbidity and mortality weekly report. Recommendations and reports/Centers for Disease Control*, *41*(RR-16), 1-20.

Beyer, K., Biedermann, T., Bircher, A., Duda, D., Fischer, J., Friedrichs, F., & Brockow, K. (2014). Guideline for acute therapy and management of anaphylaxis. *Allergo Journal International*, *23*(3), 96-112.

Derakhshanfar, H., Amini, A., Hatamabadi, H., & Alimohamadi, H. (2013). Pediatric traumatic brain injury management. *HealthMED*, 583.

Davies, K., Batra, K., Mehanna, R., & Keogh, I. (2014). Pediatric epistaxis: Epidemiology, management & impact on quality of life. *International journal of pediatric otorhinolaryngology*, *78*(8), 1294-1297.

Kerkhoffs, G. M., van den Bekerom, M., Elders, L. A., van Beek, P. A., Hullegie, W. A., Bloemers, G. M., & de Bie, R. A. (2012). Diagnosis, treatment and prevention of ankle sprains: an evidence-based clinical guideline. *British journal of sports medicine, 46*(12), 854-860.

Teksan, L., Baris, S., Karakaya, D., & Dilek, A. (2013). A dose study of remifentanil in combination with propofol during tracheobronchial foreign body removal in children. *Journal of clinical anesthesia, 25*(3), 198-201.

幼兒常見傳染病管理

CHAPTER 5

☺ 前言

自古以來，傳染病即與人類有密不可分的關係，史上對於傳染病（古稱瘟疫）最早有詳細記載的為雅典與斯巴達的伯羅奔尼撒戰爭，一開始被認為是鼠疫，後多認為是天花或斑疹傷寒的傳染；甚至於瘟疫在中國古代史上也扮演著舉足輕重的角色。後來的薩曼王朝的御醫伊本、西那也發現傳染病是具有傳染力的，若能加以隔離，即可降低疾病的散播。傳染病的影響力不可小覷，尤其地處亞熱帶的臺灣，一年四季氣候濕熱，非常適於細菌病毒的繁殖衍生，一些傳染病開始在臺灣悄悄變成本土性疾病，像是登革熱；又因幼兒園為群聚感染容易發生的地點，所以，瞭解幼兒常見的傳染病及其防治方式實屬重要，故本章將從傳染病的定義與發生開始簡介，再來探討幼兒常見的傳染病，期盼讀者能對幼兒傳染病的全貌及防治能夠稍有瞭解。

☺ 第一節　傳染病的定義與發生

傳染病一直與人類的生存息息相關，在古代傳染病被稱為瘟疫，古人也將其視為既可怕也難逃一死的天災；即便是現代，傳染病的影響仍然甚鉅，像是二次世界大戰也曾經因為流行性感冒而宣告停戰。也許有人會問，究竟傳染病是如何發生的呢？為什麼我們常會覺得，有一天睡覺起來，就突然開始感到頭痛、流鼻涕、咳嗽等症狀，去看醫師卻發現自己已經被傳染到感冒。究竟傳染病是如何產生的呢？一旦有傳染病發生時，我們又當如何自我保護？要如何才能避免被傳染？為釐清相關疑義，本節茲就傳染病的定義、發生與處理加以探討。

一、傳染病的定義

在科學日新月益的進展下，科學家們發現傳染病的發生是與細菌、病毒等病原體有關，那傳染病究竟又是什麼？顧名思義，只要能在人與人、或人與其他物種間傳播並能造成人類感染的疾病，都稱為傳染病。

二、傳染病的發生

事實上，傳染病的發生需要有三大要素的存在，包括病原體、傳染途徑及宿主三大要素。依序介紹如下：

第一個要素就是會引起人體或動物生病的病原體，也就是細菌、病毒、衣原體、立克次體、黴菌、寄生蟲或引起狂牛症的普里昂蛋白質Prion等，如表5-1。

表5-1　各類病原體與可能引起的傳染病

病原體	大小	傳染病
Prion	30-50nm	狂牛症
病毒	0.002-0.2μm（20-200nm）	腸病毒、輪狀病毒、登革熱病毒、日本腦炎病毒、狂犬病病毒等
立克次體	0.3-1μm	斑疹傷寒、Q熱、恙蟲病等
衣原體	250-450nm	砂眼、性病
細菌	1-10μm	大腸桿菌、白喉、百日咳、肺結核、細菌性腦膜炎、肺炎鏈球菌等
黴菌	3-10μm	香港腳、念珠菌感染、黃麴毒素中毒
寄生蟲	大小不一	蛔蟲、鉤蟲、鞭蟲及蟯蟲為臺灣幼兒較常感染的寄生蟲

備註：一公分（1cm）=10000微米（μm），一公釐（1mm）=1000微米（μm），一微米（μm）=1000納米（nm）

　　第二大要素是傳染途徑，通常依照其傳染方式，可將其區分為直接傳染與間接傳染。所謂直接傳染，是指病原體不需藉由其他媒介物，即可直接入侵人體造成感染，如飛沫、接觸及垂直傳染都屬於這一類傳染。至於間接傳染，則需透過媒介物才能造成疾病的傳播，像是需要藉由蚊蟲叮咬傳染的登革熱；藉由被狗、貓咬到而傳染的狂犬病，就屬於間接傳染的昆蟲或動物傳染；或是透過汙染的水源或食物所造成的傷寒、霍亂等，亦屬於間接傳染的媒介物傳染；另外一種間接傳染為病原體藉由附著在空氣中的飛塵或霧來傳播，像是流行性感冒或肺結核等。

表5-2　傳染途徑

傳染途徑分類	定義	傳染病
直接傳染	病原體不需藉由其他媒介物，即可直接入侵人體造成感染，如飛沫、接觸及垂直傳染。	1.飛沫：如麻疹、德國麻疹、玫瑰疹、腸病毒等 2.接觸：同飛沫傳染 3.垂直：AIDS，B、C型肝炎
間接傳染	需透過媒介物才能造成疾病的傳播	昆蟲或動物（昆蟲的叮咬或動物的咬傷）：登革熱、日本腦炎、狂犬病 媒介物（汙染的水源或食物）：傷寒、霍亂 空氣：流行性感冒、肺結核

　　第三大要素為易感宿主，通常是指抵抗力差、無抗體或具特殊遺傳體質的宿主。這裡所稱的宿主不一定指人，也有可能是其他動物或物種。

　　上述這三者缺一不可，例如：爆發腸病毒71型群聚感染的幼兒園事件中，其病原體是腸病毒71型，感染途徑是接觸、飛沫或吃進受汙染的食物而感染，易感宿主為幼兒；具備這三大要素，則容易造成傳染病的感染，抑或傳染病流行的發生。

🙂 第二節　幼兒常見的傳染病介紹

由於防治傳染病最好的方式就是將三大要素加以控制，從歷史的角度來看，病毒、細菌等病原體都會不斷的演化，使自己很容易寄生在宿主體內，所以要完全根除病原體並不是那麼容易。目前所推崇的方式都是希望阻斷傳染途徑，並且加強宿主本身的防疫能力，包括疫苗的發展及接種。又因傳染病種類繁多，本書僅就幼兒常見的傳染病名稱、好發季節、幼兒好發年齡、傳染途徑、症狀、預防方式及相關防範疫苗，依序加以介紹。

一、腸病毒（Enterovirus）

(一)病毒型別

主要有小兒麻痺病毒、克沙奇病毒A型及B型、伊科病毒及腸病毒等，後依基因型重新將其分類為人類A、B、C及D型。腸病毒71型屬於A型，國內長庚醫院團隊發現克沙奇病毒A6型已經產生變性，會引發全身性出現大塊型水泡，且水泡內的分泌物具有傳染性，一旦接觸病人的水泡內分泌物即會被傳染。

(二)病毒特性

潛伏期約2～10天，平均3～5天；感染者於發病前數天，則可於其喉嚨與糞便中發現病毒，此時即有傳染力，發病後一週內的傳染力最強；持續8～12週仍可經由腸道釋出病毒造成感染。

(三)好發季節

夏季常見傳染病，但由於臺灣一年四季皆為溫暖炎熱氣候，目前幾乎一年四季都有案例發生，5月底至6月中為一高峰，另外9月開學後會出現另外一個流行高峰。

（四）好發年齡

臺灣不論是重症病例或死亡病例，皆以5歲以下幼童居多，其中重症病例有九成是5歲以下幼童。美國疾病預防及控制中心（Center for Disease Control and Prevention, CDC）指出，腸病毒好發對象為嬰兒、幼兒及青少年，主要是因為這群人未曾感染過，故沒有抗體。

（五）傳染途逕

腸病毒可透過下列三種途徑造成人傳人：

1. 腸胃道傳染

如接觸受到病原菌汙染的水或食物，或是處理腸病毒患者的排泄物。

2. 呼吸道傳染

經由吸入病人咳嗽或打噴嚏所噴出的飛沫而受到感染。

3. 直接接觸傳染

造成出血性結膜炎的腸病毒70型，這類型只要接觸病人的眼、口、鼻分泌物，例如：眼淚、口沫、鼻涕，都會被傳染。

（六）症狀

根據衛生福利部疾病管制署的資料，50～80%感染腸病毒的患者根本沒有症狀，或出現跟感冒很類似的初期症狀，所以很不容易被診斷出來，這也是疫情難以控制的原因之一。最常見的典型症狀為咽峽炎（herpangina）、手足口症（hand-foot-mouth disease），嚴重者甚至出現急性出血性結膜炎（acute hemorrhagic conjunctivitis）、病毒性腦炎、無菌性腦膜炎、心肌炎或肢體麻痺症候群等，嬰兒及免疫功能低下的患者容易出現上述症狀。感染腸病毒幼兒從手腳及口腔出現水泡到嚴重病症出現常是急轉直下，讓人來不及應付；若患者出現嗜睡、意識不清、活力不佳、手腳無力、肌抽躍（無故驚嚇或突然間全

身肌肉收縮)、持續嘔吐與呼吸急促或心跳加快等重症症狀,應儘速送往大型醫院就醫。目前已經發現感染克沙奇A6型除了口腔部位出現水泡,全身也會出現大塊面積的水泡,並且可藉著水泡破裂之後,他人接觸水泡分泌物而被傳染。感染腸病毒常引起的疾病,整理如表5-3。

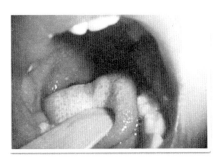

咽峽部出現小水泡或潰瘍

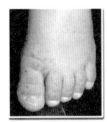

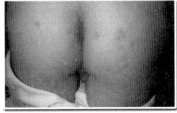

手足及口腔會出現　　皮膚出現小水泡紅斑疹
小紅疹 (水泡)

圖5-1　腸病毒手腳及臀部都會出現紅疹及水泡

圖片來源:衛生署福利部疾病管制署腸病毒71型疫情警訊宣導資料
　　　　http://www.cdc.gov.tw/uploads/Files/original/5f847292-818d-4fe8-
　　　　bbc8-c122e2f82ac4.jpg

表5-3　各類型腸病毒引發之病症

疾病	致病原	主要症狀	病程
咽峽炎 (herpan-gina)	主要由克沙奇病毒A型造成	突發性發燒、嘔吐及咽峽部出現小水泡或潰瘍,多數症狀輕微無合併症,少數才會併發無菌性腦膜炎。	通常持續約4~6天

疾病	致病原	主要症狀	病程
手足口症（hand-foot-mouth disease）	腸病毒71型克沙奇病毒A型	通常會出現發燒，並在口腔黏膜、舌頭、軟顎、牙齦和嘴唇會出現水泡或潰瘍，另外，手掌、腳掌、手指及腳趾也會出現水泡，還常因口腔潰爛而無法進食。	可達7～10天之久
嬰兒急性心肌炎成人心包膜炎	克沙奇病毒B型	容易有突發性呼吸困難、蒼白、嘔吐及發紺等症狀，容易被誤診為肺炎，常會演變成心跳過速，心衰竭、休克、甚至死亡。	
流行性肌肋痛	克沙奇病毒B型	陣發性胸部疼痛，合併頭痛、發燒及短暫性的噁心、嘔吐及拉肚子。	陣發性胸部疼痛數分鐘到幾小時。頭痛、發燒及短暫性的噁心、嘔吐及拉肚子，約維持一星期之久。
急性淋巴結性咽炎類小兒麻痺症候群	克沙奇病毒A型	發燒、頭痛、喉嚨痛，懸雍垂和後咽壁出現明顯的白色病灶及全身出現大塊具傳染性水泡。	約持續4～14天
發燒合併皮疹	各類克沙奇病毒及伊科病毒	斑丘疹狀皮疹合併小水泡的出現	

資料來源：臺灣衛生福利部疾病管制署（2013），腸病毒感染併發重症。

（七）預防方式

預防方式可分為阻斷傳染途徑及加強個人抵抗力兩方面加以探討。

1. 阻斷傳染途徑方面

(1) 個人方面

- 強化個人衛生習慣：教導幼童勤洗手，避免將物品放入嘴巴，避免觸碰馬桶，並應教導女童便後正確擦拭方法，減少病原體的汙染或殘留。

- 流行期間可以戴口罩，減少出入公共場所，減少病原體的流竄；並儘量避免肢體上的接觸，例如：避免握手、擁抱、甚至親吻等肢體上的接觸。

- 由於發病前數天，腸病毒患者的喉嚨及糞便當中即可檢查到病毒的存在，又受感染的患者，病毒可在患者的呼吸道存在3週，在糞便中存在長達8～12週，因此只要是疑似個案或感冒個案都應採取適當隔離，直到恢復，例如：戴口罩及在家休息直到不具感染力。幼兒園應建議家長讓幼童在家中休養至少一星期或退燒爲止，並應避免生病期間出入其他人多聚集的公共場所，例如：賣場、百貨公司或電影院等。

(2) 照顧者方面

- 大人回家應先洗澡，並將衣物作適當消毒後再碰觸幼兒，避免親吻幼童嘴唇，以免將病原體帶給幼兒。

- 任何人在照顧幼童或患童前後都應洗手，再去處理其他事務或接觸其他幼童。

- 病患使用過之紙尿褲或衛生紙應包覆好再丟棄，避免病原的飄散。

(3) 定期環境消毒

- 消毒用藥：目前研究證明酒精對腸病毒活性抑制力是很差的，所以，建議使用含氯的消毒水，才能抑制腸病毒的活性。

- 消毒範圍：玩具、衣物、地面、桌面、樓梯扶把、空調、廁所馬桶及地面，或任何幼童可能碰觸的物品。
- 注意事項：請勿將使用過的衛生紙進行桌面或廁所地面的清潔，避免患者的口鼻分泌物汙染桌面、地面或其殘留在衛生紙上之糞便汙染廁所地面。

2. 加強宿主抵抗力方面

(1) **均衡飲食**：幼童應依據其年齡及活動量攝取國民健康局建議均衡飲食及足夠水分。

(2) **適量運動**：依據衛生福利部國民健康署訂定之運動原則，每日至少進行流汗性運動30分鐘為宜。

(3) **足夠的睡眠時間**：幼童應儘早就寢，如3～5歲幼童建議應於晚上8點半以前就寢，5～12歲學童應於9點以前就寢。

(八) 疫苗

目前由於型別眾多，感染其中一型，只會對該型產生抗體，目前疾病管制署針對腸病毒71型正在研發疫苗。

(九) 幼兒園疫情通報及停課標準

1. 通報時限

腸病毒併發重症應於24小時內通報衛生主管機關。

2. 疑似病例處理

若懷疑是感染腸病毒，應於24小時內通報教育單位，48小時內通報衛生主管機關，並應通知父母帶至醫療院所確診，從發病日開始計算，應讓個案在家休養1～2週，並需醫師診斷確定無傳染之虞，才可恢復上課。

3. 停課標準

各縣市雷同，請自行參閱各縣市相關規定。若以新北市為例，於流行期期間，某幼兒園同一班只要有兩例以上（含兩例）經醫師確診

為手足口病或咽峽炎病例，該班則應馬上停課。流行期定義為市府公告期限內出現腸病毒71型或任何一型併發重症確診病例。幼兒園停課由幼兒園決定，但有兩班停課需通報教育局；若未依規定通報及停課，可依傳染病防治條例予以罰鍰。

二、登革熱（Dengue Fever）

(一)病毒型別

登革病毒主要有登革熱I、II、III、IV四型。

(二)病毒特性

只能存在人類、猴及蚊子體內。

傳播登革熱的病媒蚊為埃及斑蚊及白線斑蚊兩種，其特徵如圖5-2，兩種斑蚊腳上皆有白色斑點，胸腹部亦有白色條紋，不同的是白線斑蚊在胸部中間是一條直的白線，埃及斑蚊則在胸部部位為一對呈現半弦月的白色縱線，中間則有兩條淡黃色的直線。

埃及斑蚊　　　　　　　　白線斑蚊

圖5-2　埃及斑蚊與白線斑蚊的身體特徵

圖片來源：http://www.cdc.gov.tw/diseaseinfo.aspx?treeid=8d54c504e820735b&nowtreeid=dec84a2f0c6fac5b&tid=77BFF3D4F9CB7982

(三)病媒蚊特性

有關兩種斑蚊的外型特徵、平均壽命、分布情形、上班時間、吸血高峰、咬人特性，以及喜愛的環境，整理如表5-4。

表5-4　病媒蚊特性

斑蚊名稱	埃及斑蚊	白線斑蚊
外型特徵	腳上有白斑，胸部兩側有一對像半弦月的縱線，中間有一對黃色的縱線。	胸部中間部位有一條明顯的白線
平均壽命	約30天	約20天
分布情形	嘉義以南、恆春以北	全省可見
上班時間	白天	白天
吸血高峰	上午9點及下午4、5點	同埃及斑蚊
咬人特性	因為對任何聲響比較敏感，所以人體只要有稍微移動，斑蚊就會馬上飛離，以免被打死，因此容易傳播登革熱。	白線斑蚊通常都要吸飽了血才會飛走，所以容易被人類打死。
喜愛環境	喜歡待在家裡的宅媽，會躲在窗簾、布幕後面；最喜歡產卵在人工積水容器及人為造成的積水，例如：廢棄輪胎、任何可造成積水的廢置容器，像是不要的浴缸、馬桶、未蓋密的貯水桶、塑膠杯、碗或是杯、盤。	喜愛戶外環境的辣媽，除了喜歡下蛋在積水容器之外，也會下蛋在天然積水容器，像是樹洞、椰子殼。

(四)好發季節

由於是蚊子叮咬造成疾病的傳播，所以應該是好發於蚊蟲多的季節，尤其東南亞國家幾乎一年四季炎熱或溫暖，所以在臺灣南部，即便到了冬天，也容易因氣候溫暖而造成蚊子的孳生肆虐。

(五)傳染途徑

登革熱是由埃及斑蚊及白線斑蚊兩種病媒蚊叮咬帶有登革熱病毒宿主的血液後，再去叮咬其他人所造成的急性傳染病，不會經由人傳人感染。

(六)分類

1. 依病毒血清型別

可分為I、II、III、IV四型。

2. 依其感染症狀區分

(1) **典型登革熱**：通常第一次感染登革熱，症狀較不嚴重，孩童感染症狀較不明顯，會有類似感冒的症狀；成人一旦感染則會有較嚴重的症狀。通常感染經過3～8天的潛伏期，主要的症狀以發燒、疼痛與出疹為主；患者會出現突發性的高燒（體溫超過38.5℃）、出現疹子、頭痛、肌肉痠痛、後眼窩痛、關節疼痛得像是要斷掉，所以又叫斷骨熱，死亡率較出血登革熱為低。

☆什麼叫潛伏期？潛伏期有何意義？

潛伏期：被感染之後沒有症狀到出現症狀的這段期間，就叫作「潛伏期」。所以，潛伏期3～8天就是指感染後3～8天是毫無症狀的，但是卻具有感染力。

潛伏期的意義：由於潛伏期沒有症狀，通常不容易被診斷出來，但這段期間仍具感染力，也即只要被任何病毒細菌感染之後，無症狀的感染者仍可以將病毒或細菌傳染給其他人。

---

(2) **登革出血熱**：除了典型登革熱的症狀之外，之後還出現休克與出血的症狀。1953年首先出現於菲律賓，常是造成幼童感染登革熱死亡的主要原因。為什麼會有登革出血熱的發生，主要被科學家認

125

可的因素是二次感染，認為會發生出血登革熱的主要原因通常發生於曾經感染登革熱病毒，再次感染登革熱所造成的。登革出血熱的致死率可高達20%，若能給予適當的醫藥治療，便可以將死亡率降低至1%以下。

3. 依感染者受感染的地區區分

(1) **境外感染**：顧名思義，境外感染指的就是患者的感染是發生在臺灣本土以外的地區，簡單的說，也就是登革熱的感染是發生在國外的，就稱為境外感染。區別感染地在流行病學及登革熱防治上是有意義的，但對於一般民眾而言，只要理解兩者是因感染地不同而加以區隔即可。

(2) **本土案例**：指個案未出過國，是在國內因被白線斑蚊或埃及斑蚊叮咬而受到感染的個案。

(七) 預防方式

目前著重的是斑蚊的防治，最好的預防方式是避免病媒蚊的孳生及叮咬，故應瞭解兩種斑蚊的壽命、吸血特性、幼蟲孳生環境及其活動特性。以下將預防方式逐一簡介。

1. 避免病媒蚊的孳生

如果可以瞭解兩種斑蚊的習性，就可以就其特性加以防治。比如說知道斑蚊喜歡將卵下在積水容器中，而且是乾淨的積水，而非髒汙的水溝水，因此，最簡單又不致造成環境負擔的防治方法就是避免戶內外有積水的產生，尤其是下雨過後，可能造成積水的有可能是一個水桶、廢棄水缸、保麗龍碗、塑膠小湯匙，甚至是一片葉子，都有可能變成積水容器。只要能夠將戶內外可能造成積水的容器都加以清除，就能大幅減低斑蚊的產卵及孳生。有些從事農業相關工作人員常會在菜園中設置水桶蓄積雨水，也常被衛生單位人員發現常有斑蚊的幼蟲在裡面孳生，而且數量頗為驚人。如無法移除該積水容器，則應

檢查確定無斑蚊幼蟲之後，再加蓋密閉的蓋子；若已有斑蚊幼蟲在內孳生，則應將水桶內的水完全倒在非積水的乾燥地面，並將水桶內壁清潔刷洗乾淨後再加蓋。

2. 避免病媒蚊的叮咬

要避免病媒蚊的叮咬，首先要瞭解的是埃及斑蚊壽命較長，對人體的移動很敏感，故只要人一動，就會趕緊飛離，但因為吸血需要，常需要同時叮咬很多人，加上活動範圍主要是室內，所以在傳播登革熱上占有比白線斑蚊更重要的角色。

平日可穿著淺色衣物，擦拭一些防蚊劑，但應注意其成分，應儘量使用含天然成分，並且儘量噴灑於衣物表面，避免一些藥劑被皮膚吸收，造成身體肝腎的傷害。另外，疑似病例或確診病例應在臥室加掛蚊帳，避免斑蚊叮咬病人後再去叮咬健康的人而造成疾病的傳播。

3. 生物防治法

可在無法移動的積水容器裡養殖如鬥魚或孔雀魚等會吃蚊子幼蟲（孑孓）的魚類，或是利用一種叫作蘇力菌的昆蟲病原細菌，一旦斑蚊吃入此種細菌之後，該菌會釋放毒素，造成斑蚊的死亡。

4. 緊急防治

一旦有登革熱案例發生時，通常環保單位與衛生單位會進行戶內外的環境噴藥，不過效果並不長久，通常只有2週的效果，病媒蚊的數量就會恢復，而且也容易造成抗藥性的產生與環境的汙染，所以僅於緊急防治登革熱時用，平日仍應以清除孳生源為最佳之防治政策。

針對登革熱防治，環保單位曾提出三不政策：「一、不讓斑蚊繁殖，二、不讓斑蚊進屋，三、不讓斑蚊叮咬。」不讓斑蚊繁殖就是清除孳生源；不讓斑蚊進屋就是裝設紗窗、紗門，並適度使用蚊香、殺蟲劑；不讓斑蚊叮咬主要強調就是個人可以穿著淺色衣物，使用防蚊劑，如果是疑似個案，更應懸掛蚊帳，避免再被斑蚊叮咬而傳播疾病。至於清除孳生源方面，衛生福利部疾病管制署也提出「巡、倒、

127

清、刷」，也就是常常巡視周圍環境有無任何積水容器，看到積水容器馬上倒掉，並加以清潔與刷洗，如此可以減少斑蚊的產卵與孳生。

(八)疫苗

登革熱因有四型，過往因無有效疫苗的發展，故採症狀減輕的支持性療法。目前疫苗的最新發展是由法國賽飛諾巴斯德疫苗公司所發展出來，該公司並宣稱該疫苗可有效減少56%的登革熱感染個案數。

三、流行性感冒（Influenza）

(一)病毒型別

主要分成A型、B型與C型三型，C型主要造成輕微的呼吸道疾病，所以不被認為會造成流型；流行性感冒A型及B型病毒是造成流行的主要病毒；流行性感冒是依照抗原型別來加以命名，例如：近年來的H7N9。

(二)病毒特性

流行性感冒病毒的特性為一段時間就會產生變異，所以才會有不同型別的產生，如H1N1（澳洲型），或是H2N3（香港型），或是近幾年在中國大陸流行的H7N9。流行性感冒A型病毒主要感染人類、雞、鴨、豬、鯨、馬及海豹等動物，B型則好發於人類，C型病毒則很少在人類身上造成傳染。

(三)好發季節

以秋、冬兩季為主要流行季節。根據疾管局資料，流感在臺灣好發於冬季，主要在10月開始出現病例，到隔年2月以後才逐漸減少。

(四)好發年齡

不分年齡層，高危險群有嬰幼兒、慢性病患者、免疫功能不全者及老人。又根據衛生福利部疾病管制署研究資料顯示，學齡兒童為流感流行季節最早的發病者，且學童因為群聚的關係，更容易造成疾病的散播。

(五)傳染途逕

發病前一天至發病後3～7天皆具感染力。

1. 飛沫傳染

吸入流感病人咳嗽或打噴嚏出來的飛沫而導致感染。

2. 空氣傳染

處於密閉空間時，人與人之間可藉此途徑傳染。

3. 接觸傳染

因流感病毒可在濕冷環境中存活數小時，故可透過此種方式傳播疾病。

(六)症狀

與普通感冒仍有一些差異性存在，在此僅將其差異性整理成表5-5。

表5-5　普通感冒與流行性感冒的差異

	感冒	流行性感冒
致病原	引起感冒病毒種類繁多，主要為鼻病毒、呼吸道融合病毒、副流行性感冒病毒及腺病毒等。	主要為流行性感冒A及B型
潛伏期	1天左右	1～4天左右
病程	7天左右	2週左右

	感冒	流行性感冒
症狀	症狀逐漸發生，常只有上呼吸道感染症狀，發燒少見，體溫稍高，偶爾出現頭痛，通常無嚴重合併症。	症狀突然發生，病毒通常侵犯患者的上呼吸道及下呼吸道，易造成全身性的症狀，例如：明顯高燒、寒顫、嚴重頭痛、全身性肌肉及關節痠痛。可能出現嚴重合併症，例如：肺炎、支氣管炎、中耳炎、鼻竇炎、心肌炎、甚或造成死亡。
治療	一般感冒會自行痊癒，多採支持性療法。	醫師會視情形給予抗病毒藥物及支持性療法。
預防	1.勤洗手 2.流行期減少出入公共場所 3.加強個人免疫力：良好睡眠、均衡飲食及足夠水分	1.勤洗手 2.流行期減少出入公共場所 3.加強個人免疫力：良好睡眠、均衡飲食及足夠水分 4.接種流感疫苗。（與感冒唯一不同處）

資料來源：衛生福利部疾病管制署。

(七)流感病程之可能樣態

圖5-3為流感病毒侵犯人體之後，可能產生的症狀及病程變化。

(八)預防方式

1. 勤洗手。

2. 流行期減少出入公共場所。

3. 加強個人免疫力：良好睡眠、均衡飲食及足夠水分。

4. 接種流感疫苗。

流感病程之可能樣態

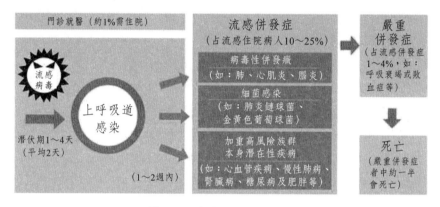

圖5-3　流感病程之可能病態

資料來源：衛生福利部疾病管制署網站https://www.cdc.gov.tw/qa.aspx?treeid
　　　　=5784355bfd011a1c&nowtreeid=3ba8d59e221cc8f2

（九）疫苗

流行性感冒疫苗是一種不活化的死毒疫苗，有三價及四價疫苗兩種。三價疫苗主要是對抗H1N1、H3N2及流行性感冒B型病毒；四價主要是對抗兩種流行性感冒A型及兩種流行性感冒B型病毒。因為最近的研究建議，針對2～8歲的幼童，利用鼻部噴劑給予的流行性感冒疫苗比注射型的疫苗更為有效，因此，美國疾病預防及控制中心（CDC）建議從2014年或2015年開始，針對這個年齡層的小朋友，只要對此疫苗無任何禁忌或需注意的幼童，建議改用鼻部噴霧的方式給予流行性感冒疫苗。另外，臺大研究團隊研發出一種可以對抗流感病毒有效的化合物「臺大病毒崩」（NTU-VirusBom），可有效對

131

抗流感，目前已將此技術轉移給生技產業，將製成乾洗手噴劑或洗手乳。

```
「流感，不可不知的訊息！」
➤ 季節性流感是一種可以快速傳播的傳染病。
➤ 季節性流感可以感染任何人，不分年齡。
➤ 季節性流感的感染高峰，通常發生於冬季。
➤ 季節性流感因為常造成高危險群的死亡，所以是一個嚴重的公共衛生
  議題。
➤ 抗病毒藥物容易產生抗藥性，所以還是以施打疫苗最為有效。
```

圖5-4　流感不可不知的訊息

資料來源：http://www.who.int/mediacentre/factsheets/fs211/en/

四、輪狀病毒（Rotavirus）

（一）病毒型別

全世界已經確認流行的型別有七種，分別為G1、G2、G3、G4、G8、G9及G12，並以G1引發的症狀最為嚴重。

（二）病毒特性

電子顯微鏡下呈現輪狀外形因而得名，是大部分嚴重腹瀉幼兒住院的主因，具高度傳染力，只要10個病毒顆粒，就可以造成感染。

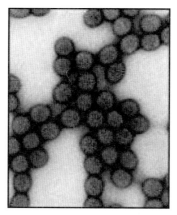

圖5-5 輪狀病毒

圖片來源：http://www.cdc.gov/rotavirus/about/photos.html

(三)好發季節

具有明顯的季節性，好發於每年12月至隔年3月之間。

(四)好發年齡

3個月～2歲，主要侵犯5歲以下的幼童。

(五)傳染途徑

透過吸入病人的飛沫被傳染或接觸被病原汙染的玩具、食物及飲水。

(六)症狀

感染後2～3天出現症狀，第一個感染通常是最嚴重的，可能出現噴射性嘔吐，非常嚴重的水瀉可持續3～8天，通常伴隨著發燒及腹痛，嚴重者可出現嚴重脫水、熱痙攣或合併中樞神經方面症狀。

(七)預防方式

1. 成人在接觸幼兒之前或之後都應清洗雙手，若是醫院工作者

133

回到家應先洗澡，更換乾淨衣物後再接觸幼兒，避免將病原體傳給小孩。

2. 幼兒應避免生食食物，如生菜沙拉或生飲未經煮沸的水；教導幼兒飯前便後應將雙手清洗乾淨，勿將手放在口中或用手接觸食物，並勿碰觸便器馬桶。

3. 維持居家環境清潔，避免患童排泄物汙染地面或家中環境，造成病原傳播。

4. 鼓勵餵哺母乳，可增強新生兒對疾病的抵抗力。

(八)治療

通常給予支持性療法以減輕腹瀉的症狀及因嚴重腹瀉造成的脫水症狀。

(九)疫苗

目前有兩種預防嚴重輪狀病毒的疫苗，為活性減毒口服性疫苗，給予疫苗最佳時間為嬰兒1個半月～8個月之間，最好4個月之前開始服用，以完成兩劑或三劑的施予。

五、諾羅病毒（Norovirus）

(一)病毒型別

一群病毒的總稱，一開始被叫作類諾瓦克病毒（Norwalk-like virus），屬於杯狀病毒科（Caliciviridae）的家族成員，其中包括其他三個屬：沙波病毒（sapovirus）、兔類病毒屬（lagovirus）及囊泡狀病毒屬（vesivirus）；而且至少有五種基因型別，其中最易造成人類爆發流行的為GI、GII及GIV三種型別。

（二）病毒特性

非常容易造成傳染的一種病毒，最常引起爆發流行的為半開放的空間，像是醫院、任何群聚的院舍、學校、孩童照護機構及郵輪等。

（三）好發季節

冬季。

（四）好發年齡

任何年齡皆可被感染。

（五）傳染途逕

1. 密切接觸受感染的病人。

2. 接觸受汙染的物品表面以及食物。根據美國疾病控制與預防中心（CDC）的資料顯示，美國70%的諾羅病毒爆發流行都是肇因於受汙染的餐飲服務工作者，如同最近武陵富野渡假村爆發疑似集體感染諾羅病毒流行事件。

3. 透過飛沫傳染，故疑似或確診病人都應該戴口罩，避免再將病毒傳給他人。

（六）症狀

有些會呈現無症狀感染，有症狀的會出現嘔吐及腹瀉，嚴重者需要住院補充流失的水分及電解質；年幼的小孩有時會上吐下瀉到全身癱軟無力，需要注意水分及電解質的補充。

（七）預防方式

1. 餐飲服務業者

(1) 餐飲服務業者準備食物前應洗淨雙手，避免直接用手接觸食物。

(2) 餐飲服務業者應該瞭解如何安全準備食物並確實執行之。

(3) 被諾羅病毒感染的廚工應該休假在家直到恢復，並且沒有感染之虞，才可上班。

2. 已感染者

(1) 已感染者糞便中有大量的病毒，只要微量病毒（18顆），就可以傳染給其他人。

(2) 由於只要接觸到病人的嘔吐物及糞便就很容易被傳染，有些被感染者很有可能在症狀還沒開始前，又或是感覺比較好時就又傳染給他人。因此，最好的預防方法就是避免直接用手接觸疑似或確診病人的嘔吐物及排泄物，所以應戴口罩及手套，避免用接觸過病人的手套碰觸任何物品，以免造成疾病的傳播。

(3) 妥善處理病人的嘔吐物或排泄物，儘量藉由馬桶沖洗掉；如果來不及，則應用衛生紙擦拭乾淨，並用塑膠袋包好密封，以免病源的飄散，處理完後仍應記得洗淨雙手，並用消毒水消毒被汙染的物品表面或地面。

(4) 疑似病例或被感染者也應避免準備、烹調食物或碰觸他人的食物。

3. 一般人

(1) 經常洗手：每次應用香皂洗淨雙手，並持續搓洗20秒左右。

(2) 注意個人衛生，避免用手直接碰觸食物或眼、耳、鼻及口。

(3) 隨時通報疑似感染者至當地衛生主管機關。

(八) 疫苗

目前並無疫苗可供使用。

六、肺炎鏈球菌 (Streptococcus Pneumoniae)

(一)病毒型別

目前約有九十幾種血清型別，臺灣近三年發現能造成侵襲性肺炎鏈球菌感染的主要型別為19A、3、14、23F。

(二)病毒特性

平常存於人類鼻腔中，可在20～40%健康孩童及10%成人鼻腔中發現，然若吸入呼吸道菌體數量過多或是呼吸道功能變差時，則易造成肺炎鏈球菌的感染發生。

(三)好發季節

好發於冬季及早春。

(四)好發年齡

5歲以下嬰幼兒及65歲以上老人，尤其是免疫功能較差的人，像是有糖尿病、心血管功能疾病、肺部疾病、有吸菸習慣及氣喘病史的人。

(五)傳染途逕

不論是吸入感染病例的飛沫或接觸病人的分泌物，皆可被傳染。

(六)症狀

感染肺炎鏈球菌可以造成肺炎、中耳炎、鼻竇炎、腦膜炎及菌血症（血液受到感染）等病症，所以可能出現的症狀包括：發燒、咳嗽、呼吸急促、胸痛、頸部僵硬、意識錯亂及失去方向感、對光敏感、關節疼痛、寒顫、耳朵疼痛、失眠或變得敏感，嚴重個案會導致聽力喪失、腦部損傷（可能出現智能障礙的後遺症）、甚至死亡。

(七) 預防方式

1. 經常用香皂洗手，合併使用一些含有酒精成分的消毒劑，且酒精含量至少要60%。

2. 教導幼兒不要常碰觸眼、耳、鼻、口，如果非要碰觸，應該確定碰觸前後雙手是洗淨的。

3. 當咳嗽或打噴嚏時，應用衛生紙或衣袖遮住口鼻，確保飛沫不會噴出。

4. 避免親密接觸疑似病例或確定病例，例如：親吻、擁抱、共用餐具或食物。

(八) 疫苗

目前衛生署輸入的雙伏威™肺炎鏈球菌十價接合型疫苗可以預防由1、4、5、6B、7F、9V、14、18C、19F和23F等血清型所引發的肺炎及中耳炎。

七、玫瑰疹 (Roseola Infantum)

(一) 病毒型別

主要是由人類皰疹病毒第六型及第七型造成。

(二) 病毒特性

一旦感染，此病毒將會終身潛伏體內，不見得會出現症狀，故有些無症狀已被感染的大人會將病原傳染給小孩。

(三) 好發季節

無明顯季節性特徵，主要是春秋兩季。

（四）好發年齡

6個月～3歲。

（五）傳染途逕

飛沫及接觸傳染。

（六）症狀

感染後5～15天開始出現症狀，先出現持續性及間斷性高燒，約39.4℃～40.5℃並且持續3～5天，30%的孩童還會伴隨著出現紅疹。

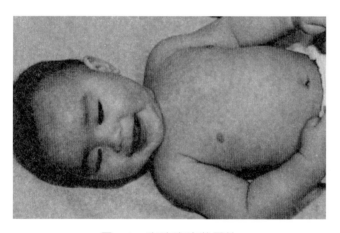

圖5-6　玫瑰疹症狀圖片

圖片來源：Leung, A. K. (2012). Afebrile Infant With Rosy Pink Macules and Patches on the Trunk and Face. *Consultant*, *52*, 6565-67.

（七）預防方式

1. 打噴嚏或咳嗽時，要用手帕或衣袖摀住口鼻。

2. 避免碰觸病人的口鼻分泌物，並應將受感染幼兒的口鼻分泌物用衛生紙妥善包好，丟入有蓋式垃圾桶，且應勤加清理垃圾桶，以避免病原體飛散傳播。

3. 照顧受感染的幼兒前後應洗手。

4. 流行期間避免出入公共場所，感染者也應避免出入公共場所或接觸其他幼兒。

(八) 疫苗

目前無疫苗，主要是採症狀療法，但應避免使用Aspirin類的退燒藥，以免引起雷氏症候群（Reye Syndrome），這是一種因為使用Aspirin類藥物治療年幼小孩或青少年的病毒感染性疾病如水痘、玫瑰疹的發燒，造成全身多處器官受到影響，尤其肝臟與腦部，如脂肪肝及腦部嚴重受損，甚至死亡。

八、麻疹（Measles）

(一) 致病原

麻疹病毒。

(二) 病毒特性

唯一的宿主是人類，具高度傳染力，可在受感染物體表面存活至2小時以上。

(三) 好發季節

冬末及春天。

(四) 好發年齡

是小孩最重要的傳染病之一。

(五) 傳染途徑

藉由空氣傳染及吸入麻疹病人的鼻咽分泌物，例如：呼吸、咳嗽及擤鼻涕。因為具有高度傳染性，只要暴露在有麻疹病毒的環境，就

容易被傳染。據美國疾病預防及控制中心（CDC）的資料，若無麻疹病毒的抗體，只要與麻疹病人有親密的接觸，約有90%的人會被感染。

(六) 症狀

輕微的呼吸道症狀與發燒，伴隨著會出現斑疹塊的紅疹，並且持續3天左右。根據美國疾病預防及控制中心（CDC）的相關資料顯示，美國大約十個感染孩童中，有一個會得到耳朵感染，估計最多二十個當中有一個會得到肺炎，大約千分之一個會得到腦炎，有千分之一到千分之二的死亡率。

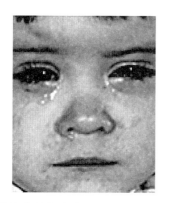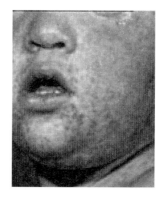

圖5-7　感染麻疹後會有流眼淚、流鼻涕，還有感染3天之後全臉起紅疹的情形

圖片來源：http://www.cdc.gov/measles/about/photos.html

(七) 預防方式

1. 疫苗接種，這是最有效的預防方式。
2. 避免接觸麻疹疑似病例及確定病例。
3. 流行期間戴口罩，或咳嗽時用衣袖掩住口鼻。
4. 照顧感染麻疹的幼兒或病人時，照顧前後應清洗雙手；醫院工作人員回家後應清洗身體、更換衣物後，再接觸家人或幼兒。

141

(八) 疫苗

是一種活性減毒疫苗，主要是跟腮腺炎與德國麻疹疫苗一起給予，合稱為MMR疫苗（Measles, Mumpus, & Rubella），可以有效減少麻疹個案數，效果可達99.9%。

九、德國麻疹（Rubella）

(一) 病毒型別

德國麻疹病毒。

(二) 病毒特性

病毒具高度傳染力，人類為唯一宿主。

(三) 好發季節

主要是春天與冬天。

(四) 好發年齡

主要侵犯孩童及年輕人，如果是懷孕婦女得到，容易造成胎兒死亡或先天性缺陷，此種缺陷稱為先天性德國麻疹症候群（Congenital Rubella Syndeome）。

(五) 傳染途逕

飛沫及接觸傳染。

(六) 症狀

1. 一般症狀

通常會出現全身性瀰漫性及斑丘狀的紅疹，兒童症狀會較輕微或沒有症狀；但受感染的大人症狀會較孩童來得嚴重，可能會出現1～5天先驅性症狀：持續性的低燒、全身不適、頭痛、結膜炎和輕度鼻

炎，耳後、頸部及頭部淋巴結腫大，之後出現皮疹。併發症包括關節痛、關節炎及腦炎，但後兩者少見，尤其腦炎更為少見。

2. 先天性德國麻疹症候群

婦女懷孕初期一旦感染德國麻疹，很容易造成胎兒受到感染，並且造成一些先天畸形的出現，包括眼睛病變如白內障、心臟病變如開放性動脈導管或肺動脈狹窄，甚至產生聽力障礙及智能障礙的現象。依據美國疾病預防及控制中心（CDC）的資料顯示，懷孕初期尤其是12週以前感染德國麻疹，最容易造成出生的缺陷。

(七) 預防方式

1. 採取適當的隔離措施

不論是疑似或確定病例，均應隔離至初疹後7天，才能返回工作場所或學校；若為團體機構或場所，如幼兒園或軍隊，皆應予以適當休息及隔離至沒有新病例至少21天以上。

2. 預防接種

(1) 結婚未懷孕婦女，應至醫療院所抽血檢驗，確認有無德國麻疹抗體；若檢驗為無抗體，應儘速接種德國麻疹疫苗。接種疫苗之後，由於是活性減毒疫苗，建議應間隔一段時間再懷孕。通常懷孕之後也不建議施打疫苗，以免有通過胎盤而影響胎兒的疑慮。

(2) 常規性預防接種：出生滿15個月接種一次，滿5歲至入國小前接種一次。

(八) 疫苗

是一種活性減毒疫苗，是跟預防麻疹、腮腺炎的疫苗一起給予，合稱為MMR（Measles, Mumpus, & Rubella）。

十、水痘（Chicken Pox）

(一)病毒型別

水痘－帶狀皰疹病毒（Varicella-Zoster Virus, VZV）。

(二)病毒特性

兒童時期一旦感染水痘－帶狀皰疹病毒之後，病毒會潛伏於神經節內，年紀大之後一旦免疫力下降，病毒很容易再次侵犯，並沿著神經節生長，因為成環繞狀，故俗稱「皮蛇」，該病毒能否成功入侵人體，與免疫力其實有很大的關係。

(三)好發季節

冬天及早春。

(四)好發年齡

3～9歲為感染水痘的高危險群，20歲之後以及免疫力下降的人容易感染水痘－帶狀皰疹病毒。

(五)傳染途徑

可藉由咳嗽或擤鼻涕、接觸或吸入病人咳出的病毒顆粒而受到感染。

(六)症狀

臉及軀幹先起疹子，後來擴及四肢，然後開始變癢，接著出現充滿液體如水泡樣的紅疹，最後結痂。其他如高燒、疲倦、沒有食慾及頭痛等典型症狀，通常在皮疹出現1～2天發生。

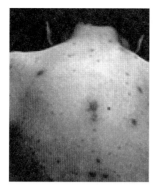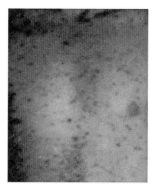

圖5-8　水痘出現的紅疹及水泡，左圖為未接種疫苗的小孩得到水痘的情
　　　　形，右圖為未接種水痘疫苗的成人得到水痘的情形，通常成人症狀
　　　　會較小孩來得更為嚴重

圖片來源：http://www.cdc.gov/chickenpox/about/photos.html

(七)預防方式

1. 施打疫苗是最有效的預防方式。沒有得過水痘的孩童、青少年或成人應施打兩劑，即便是打過疫苗的人，如果還是得到水痘的話，其症狀通常是輕微的。

2. 由於水痘是一種非常容易傳染的疾病，所以應避免吸入或接觸水痘病人的口鼻分泌物或水泡式疹子。

3. 水痘病人在打噴嚏或咳嗽時，應該用衛生紙或衣袖掩住口鼻。

4. 不論是感染者或未受感染者於流行期間皆應避免出入公共場所，以免散播病源或吸入病毒顆粒而被感染。

(八)疫苗

出生滿1個月至未滿13歲以前接種一次，13歲以上應接種兩次，間隔4～8週接種第二劑。

十一、肺結核（Tuberculosis）

(一) 病毒型別

肺結核分枝桿菌（Mycobacterium Tuberculosis）。

(二) 病毒特性

病毒可存活在體內而不發病，這樣的狀況就稱為疾病的潛伏期，亦即從細菌侵入到發病期間稱為潛伏期。結核分枝桿菌可侵犯身體各部位，通常侵犯肺部，也可侵犯腎臟、脊椎及腦部。

(三) 好發季節

一年四季均有可能感染，無特別好發季節。

(四) 好發年齡

沒有特定年齡群，若本身免疫功能低下或不全者，例如：愛滋病患者、藥物濫用者、矽肺症、糖尿病患者、嚴重腎臟疾病、體重過低者、頭頸部有癌症者、器官移植或類風濕性關節炎患者等，就容易被感染及出現病症。

(五) 傳染途徑

透過空氣傳播，例如：咳嗽、說話、笑、唱歌或是擤鼻涕，都可傳播疾病。與病人頻繁親密地接觸，也容易感染此菌。不過不會藉由握手、分享食物、馬桶蓋或碰觸病人的床單而被感染。

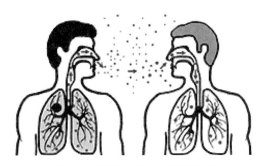

圖5-9　肺結核傳染途徑圖示

圖片來源：http://www.cdc.gov/tb/topic/basics/default.htm

(六) 症狀

嚴重的咳嗽可持續3星期或更久、咳痰或咳血、胸部的疼痛、虛弱、疲倦、體重下降、沒有食慾、寒顫、發燒、半夜盜汗。

(七) 預防方式

1. 結核菌素皮膚測驗或結核菌素血液測驗

結核菌素皮膚測驗最常被使用，未受結核菌感染之前，可先做結核菌素皮膚測驗，皮下施打0.5cc結核菌素（tuberculin），經過2～3天之後檢查有無反應，以瞭解是否受結核菌感染。結核菌素血液測驗主要是測人體對結核桿菌的免疫反應。如果已經接種過結核感菌疫苗的人，還是可以進行這兩種試驗。

2. 預防接種

免疫功能低下的人，例如：愛滋病患者或是接受器官移植者，不可以接種卡介苗（Bacille Calmette-Guerin, BCG）。雖然並沒有證據顯示卡介苗會傷害胎兒，懷孕的人還是不可以接種卡介苗，此方面的傷害疑慮仍需更進一步的研究以證實之。

(八) 疫苗

接種卡介苗，可有效降低新生兒感染結核性腦膜炎的風險；未接種卡介苗的新生兒，罹患腦膜炎的風險爲接種卡介苗新生兒的47倍。

十二、B型肝炎（Hepatitis）

(一) 病毒型別

B型肝炎病毒，依免疫反應可分成四種亞型，並且依地理位置而有不同的分布，例如：中國人的型別大部分是ad型，ay型約占了5%左右；南方人的型別主要爲adw型，不少北方人是adr型，臺灣則是以adw爲主。

(二) 病毒特性

已確診的B型肝炎病人的血液、精液、陰道分泌物、母乳及唾液中，皆可發現病毒的存在；但已確定的是B型肝炎不會透過水、食物及親密接觸而傳播。另外，遭受B型肝炎病毒感染的年紀愈小，愈容易成爲B型肝炎慢性帶原者，例如：5歲以下幼兒受到感染的話，大約25～50%的幼兒會成爲B型肝炎帶原者；受感染的新生兒則有90%的機率。

(三) 好發季節

無特定季節。

(四) 好發年齡

無特定年齡。

(五) 傳染途涇

主要是暴露於已受感染的血液與體液中。

1. 輸血及針頭刺傷的傳染

除了被B肝汙染的針頭刺傷，針灸、身體的刺傷、共用牙刷或共用針頭注射毒品，亦都很容易造成B型肝炎的散播。

2. 周產期傳染（垂直傳染）

B型肝炎感染的媽媽，透過胎盤將此病毒傳染給寶寶而造成感染。臺灣將近40～50%的B型肝炎是由此種方式傳播的。

3. 性交傳染

美國B型肝炎傳染的主要原因，B型肝炎可以透過未戴保險套而傳染。

(六) 症狀

感染初期（急性期）通常不會有什麼症狀，但隨著感染情形加劇，會出現疲倦、噁心、食慾減少、輕微發燒或輕微的腹痛；肝炎末期則會出現皮膚變黃、眼白變黃，還有尿液顏色變暗的情形。

(七) 預防方式

目前疫苗的施打及暴露後的預防，可以有效的降低B型肝炎的發生率；主要還是要避免不安全的性行爲及避免使用受汙染的針頭，不要與人共用牙刷、針頭及針灸的針，另外，穿耳洞、刮鬍刀、紋眉、刺青、被汙染的牙科器械及血液透析等，也都會造成B型肝炎的傳染，所以也應小心避免這類傳染。

(八) 疫苗

出生後應於24小時內，馬上接種一劑B型肝炎免疫球蛋白，並應依接種時程依序接種三劑B型肝炎疫苗。惟接種B型肝炎疫苗後，仍

有10%的機率會轉成慢性肝炎。

十三、後天免疫缺乏症候群

(一)病毒型別

人類免疫缺乏病毒（Human Immunodeficiency Virus, HIV），又稱為愛滋病毒。

(二)病毒特性

此種病毒主要藉由攻擊人類的免疫系統中CD4細胞，也就是所謂的T細胞，導致人類免疫系統無法對抗原本不會造成人體生病的病原體，這些病原體甚至可以導致免疫缺乏症候群感染者的死亡。

(三)好發季節

無特定季節。

(四)好發年齡

無特定年齡。

(五)傳染途徑

主要是透過血液及體液的傳染，故應避免不安全（未戴保險套）的性行為、與人共用牙刷，應確保輸入的血液與血液透析的器械是沒有受到愛滋病毒汙染的，勿與人共用針頭，並應確認牙齒矯治的牙科器械是未受汙染並經過完全滅菌的，穿耳洞、刺青及針灸等都應確認相關器械是滅菌完全的。

(六)症狀

被感染者可能會有一段長達10年或甚至更久的空窗期，亦即潛伏期，但在這段期間仍是具有感染力的。另外，有些被感染者可能在

感染2～4週後出現類流感的症狀，也叫作最差的流感，例如：輕微的發燒、腫大的淋巴結、喉嚨痛及起紅疹，這些症狀可能只有幾天，也可能持續數週。

(七) 預防方式

任何會造成體液及血液感染的不安全行為皆應避免，例如：性行為應戴保險套，應避免共用針頭、共用牙刷，避免使用消毒不全的牙科、針灸、穿刺耳洞及刺青的器械，還有應注意捐贈器官的安全性等。

(八) 疫苗

目前並無疫苗可以預防後天免疫缺乏症候群（AIDS），主要的治療方式為抗病毒療法（Antiretroviral Therapy, ART），主要是可以延長被感染者的壽命及減低傳染他人的機率。

第三節　幼保人員應具備的預防接種知識及接種前後應注意事項

本節主要分成兩部分，第一部分將探討幼保人員對預防接種應具備的知識，第二部分主要是探討幼保人員應該瞭解有關幼兒預防接種前後應該注意的事項。

一、幼保人員對預防接種應具備的知識

幼保人員對於預防接種應具備的知識，主要探討人體免疫力的產生、疫苗的種類、疫苗接種的方式、疫苗接種的反應及其原因，以及預防接種的項目及時間等相關內容。

(一)人體免疫力的產生

1. 主動免疫

因為自然感染或主動接種所產生的免疫力，稱為主動免疫。所以，預防接種就是一種主動免疫。

2. 被動免疫

免疫力是來自媽媽的胎盤或初乳或施打免疫球蛋白所得到的抗體稱之。

(二)疫苗的種類

1. 活性減毒疫苗（Live Attenuated Vaccines）

所謂的活性減毒疫苗，就是將細菌或病毒進行減毒處理，接種至人體後，透過人體自己的免疫系統認識細菌或病毒，進而產生抗體去對抗外來的細菌或病毒。因為是藉由施打完整減毒的細菌或病毒，所以得到的抗體效力會比較持久，效果也比較好。但對於免疫力不全（例如：AIDS）、免疫力低下（生病的人或老人、小孩）或接受免疫抑制（例如：接受化學、放射線治療等之病人），則可能會出現類似自然感染的症狀，故有一些安全上的疑慮。所以，幼兒要施打疫苗前的醫師評估是非常重要的，像是水痘疫苗、卡介苗、口服的小兒麻痺疫苗、麻疹疫苗、德國麻疹疫苗、腮腺炎疫苗及口服輪狀病毒疫苗，都屬於這一類疫苗。

2. 不活化疫苗（Inactivated Vaccines）

不活化疫苗是將病毒或細菌殺死或是取其部分抗原製作而成，比起活性減毒疫苗而言，效果較差，但安全疑慮相對較小，所以需透過多次注射才能達到需要的保護力，或是需要一些佐劑來強化其效果，像是注射型小兒麻痺疫苗、A型肝炎疫苗、不活化流感疫苗、B型肝炎疫苗、百日咳疫苗、白喉類毒素、破傷風類毒素、b型嗜血桿菌疫苗、肺炎鏈球菌疫苗、人類乳突病毒疫苗（HPV）、多醣體流行性

腦脊髓膜炎疫苗（MPSV4）、日本腦炎疫苗（JE）、或是近來造成人心惶惶的狂犬病疫苗（Rabies）皆屬之。

(三)疫苗接種方式

疫苗接種的方式有下列四種，整理如表5-6。

表5-6　疫苗接種的方式

疫苗接種方式	疫苗名稱
口服	口服沙賓小兒麻痺疫苗、口服輪狀病毒疫苗
皮內接種	卡介苗
皮下接種	活性減毒疫苗，例如：水痘疫苗、麻疹疫苗、德國麻疹疫苗、腮腺炎疫苗
肌肉注射	含佐劑之不活化疫苗，例如：注射型小兒麻痺疫苗、A型肝炎疫苗、不活化流感疫苗、B型肝炎疫苗、百日咳疫苗、白喉類毒素、破傷風類毒素、b型嗜血桿菌疫苗、肺炎鏈球菌疫苗、人類乳突病毒疫苗（HPV）、多醣體流行性腦脊髓膜炎疫苗（MPSV4）、日本腦炎疫苗及狂犬病疫苗

(四)疫苗接種可能出現的反應及其原因

接種疫苗後，通常會出現一些紅、腫、痛的局部反應，但也可能出現全身性的反應，茲分述如下。

1. 可能出現反應

疫苗接種後，通常最常出現的是局部出現紅、腫、痛及硬塊，醫師也許會依照情況給予一些止痛劑，但對於此種情況並無他法可以緩解。最讓人擔心的是全身性休克反應（必須做立即性醫療處置，否則有致命之虞），因此為了避免疫苗的反應，通常接種疫苗後，醫師會請家長及幼兒留待觀察半小時，確認幼兒的狀況無礙後才可回家。

(1) 局部反應：接種部位局部出現紅、腫、痛。

(2) 全身反應：可能出現發燒、抽搐、高音頻的喊叫、久睡不
　　醒、腦部炎症反應，嚴重者甚至出現過敏及休克反應。當打
　　完疫苗之後，若出現發燒症狀，應避免使用阿斯匹林或其他
　　水楊酸製劑，以免引發雷氏症候群（Reye's Syndrome）。

表5-7　疫苗接種的反應及母親可能出現的描述

	疫苗接種反應	母親的描述
局部反應	接種部位皮膚出現蕁麻疹、紅疹及腫脹	接種疫苗的地方有一個大的、熱的腫塊出現已經有幾個禮拜了。
全身反應	發燒超過39℃	他的體溫超過40.5℃，我必須用冷毛巾幫他降溫。
	高音頻的喊叫	小孩的喊叫聲好像是一種痛的喊叫，一種持續性令人害怕的喊叫聲，而且讓人使不上力。
	虛脫／過敏	他的嘴巴周圍皮膚轉成白色和藍色，而且整個人好像垮掉了！
	久睡不醒	他好像昏倒一樣，已經12小時叫不起來餵他吃東西了。
全身反應	抽搐	他的眼皮在抽動、下巴在發抖，身體變得僵硬，然後開始出現搖晃。
	腦部炎症反應	他就躺在小床上，眼睛睜得很大，然後弓起他的背，大聲尖叫，最後失去意識，現在他在抽筋。
	行為改變	他不想吃也不想睡，沒有理由的尖叫，本來是很乖巧的小孩，現在完全失控，變得跟原來都不一樣了！

資料來源：美國疫苗資料中心（National Vaccine Information Center, 2013）。

2. 引發反應的原因

通常是來自於對疫苗成分過敏。疫苗通常會含有三種基本成分，一為免疫抗原，二為溶液，三為佐劑。

(1) **免疫抗原**：為減毒或死掉之細菌或病毒。白喉、破傷風為簡單的多醣體及類毒素；麻疹、德國麻疹、腮腺炎、口服小兒麻痺疫苗為活毒；百日咳為死菌。

(2) **溶液**：蒸餾水、食鹽水或組織培養液，組織液裡通常會有蛋白質、雞蛋白抗原或其他動物組織，還有抗生素、防腐劑、安定劑等，主要是加強疫苗的安定性。

(3) **佐劑**：主要是強化疫苗的效果。

(五)預防接種的項目與時間

目前我國現行的幼兒預防接種是依據本國衛生福利部疾病管制署所制定的預防接種政策來執行，筆者參考幾份資料整理如表5-8。

表5-8　幼兒預防接種之項目、時間、部位及可能出現的反應或注意事項

接種年齡	疫苗名稱	劑別	接種部位	可能反應或注意事項
出生24小時以內	B型肝炎疫苗	第一劑	大腿前外側	接種部位局部出現紅、腫、痛，偶爾出現發燒疲倦，通常1～2天就會消失。
出生24小時以後	卡介苗	一劑	左上臂三角肌中央	一般在接種部位會出現局部腫塊，並有紅腫情形，最後會形成一個疤痕。若接種3個月之後仍未出現疤痕，需帶至醫院做結核菌素試驗，陰性則需再接種一次。如果接種部位出現大量濃液或出現同側腋下淋巴結腫大，應請醫師檢查有無異常。
出生滿1個月	B型肝炎疫苗	第二劑	2歲以下嬰幼兒建議大腿前外側	如前述

接種年齡	疫苗名稱	劑別	接種部位	可能反應或注意事項
出生滿2個月	五合一疫苗（白喉、破傷風、非細胞性百日咳、b型嗜血桿菌及不活化小兒麻痺混合疫苗；DTaP-Hib-IPV）	第一劑	大腿前外側左上臂三角肌中央	一般接種3天後會有注射部位局部反應，偶有哭鬧、倦怠、食慾變差或嘔吐情形；針對7歲以上孩童或是成人則不再建議施打五合一疫苗，因為容易引起較大的局部反應、發燒或其他不適症狀。
	肺炎鏈球菌疫苗		嬰兒大腿前外側，幼童上臂三角肌	局部反應就是接種部位出現紅、腫、痛及硬塊。全身性反應包括倦怠、睡不好及發燒，或其他像是腸胃道反應，例如：食慾變差、嘔吐及腹瀉等。少見嚴重反應。
	輪狀病毒疫苗（自費）		口服	可與其他注射型疫苗一起接種。
出生滿4個月	五合一疫苗（DTaP-Hib-IPV）	第二劑	大腿前外側	通常於接種後1～3天出現注射部位紅腫、疼痛，偶有食慾不振、嘔吐、哭鬧、疲倦等症狀，約2～3天後恢復；不斷哭鬧或高燒少見，嚴重過敏、昏睡或痙攣等嚴重過敏反應罕為發生。如有持續紅腫、注射部位出現硬塊不退、持續性高燒或嚴重過敏反應，皆應儘速就醫。
	肺炎鏈球菌疫苗		上臂的三角肌	如前述
	輪狀病毒疫苗（自費）		如前述	如前述
出生滿6個月	B型肝炎疫苗	第三劑	如前述	如前述
	五合一疫苗（DTaP-Hib-IPV）		如前述	如前述

接種年齡	疫苗名稱	劑別	接種部位	可能反應或注意事項
	肺炎鏈球菌疫苗		如前述	如前述
	輪狀病毒疫苗（自費）（三劑型）		如前述	如前述
	流感疫苗（每年10～12月）	第一劑	嬰兒大腿前外側，幼童上臂三角肌中央	注射部位出現紅腫疼痛之局部反應，少數出現全身性反應，例如：頭痛、肌肉痠痛、皮膚癢、蕁麻疹、紅疹、噁心或發燒等，通常1～2天內恢復。嚴重者會出現立即型過敏反應，甚至過敏性休克，例如：呼吸困難、聲音沙啞、氣喘、眼唇腫脹、暈眩及心跳變快等，但此類反應少見。
	流感疫苗（每年10～12月）	隔4週第二劑		
出生滿12個月	水痘	一劑	大腿前外側上臂三角肌中央	可能出現紅、腫、痛之局部反應，偶爾出現高燒，注射後6週內避免使用水楊酸類藥品（salicylates），1個月後偶爾出現類水痘症狀。
	麻疹腮腺炎德國麻疹混合疫苗（MMR）	第一劑	上手臂外側	少數1～2星期間偶出現疹子、鼻炎、咳嗽或發燒等，腮腺炎疫苗曾有輕微中樞神經反應之報告，但機率微乎其微；德國麻疹疫苗可能造成關節炎、關節痛及神經炎或發燒等暫時性反應。
	A型肝炎疫苗（自費）	第一劑	嬰兒大腿前外側，幼童或大人為上臂三角肌	不良反應少，通常只有局部紅腫及食慾變差。
	肺炎鏈球菌疫苗	第四劑	如前述	如前述

接種年齡	疫苗名稱	劑別	接種部位	可能反應或注意事項
出生滿15個月	日本腦炎疫苗（每年3月開始）	第一劑	嬰兒大腿前外側，幼童上臂三角肌中央	通常只有紅、腫、痛之局部反應，少數人會有頭痛、發燒、惡寒及疲倦感；若有過敏、休克、抽筋、意識喪失則應趕快送醫，勿延遲。
	日本腦炎疫苗（每年3月開始）	隔2週第二劑		
出生滿18個月	五合一疫苗（DTaP-Hib-IPV）	第四劑	如前述	如前述
	A型肝炎疫苗（自費）	第二劑	如前述	如前述
出生滿27個月	日本腦炎疫苗（每年3月開始）	第三劑	如前述	如前述
入小學前	白喉破傷風非細胞性百日咳及不活化小兒麻痺苗（Tdap-IPV）	一劑		接種後1～3天可能發生注射部位局部紅腫、痠痛，偶有食慾不振、嘔吐、哭鬧不安或疲倦等症狀，通常2～3天後就會恢復。高燒症狀、嚴重過敏、昏睡或痙攣少見。如紅腫持續擴大、高燒持續超過48小時或出現嚴重過敏反應及不適症狀，應儘速就醫。
	麻疹腮腺炎德國麻疹混合疫苗（MMR）	第二劑	上手臂外側	如前述
國小一年級	日本腦炎疫苗	第四劑	如前述	如前述

資料來源：寶寶疫苗超級實用手冊（2009）、行政院衛生署預防接種篇（2013）。

二、預防接種前後應注意事項

預防接種前及預防接種後都有需要注意小心的事宜,茲加以說明如下。

(一)預防接種前應注意事項

1. 接種前,幼兒是否出現不適宜接種疫苗的狀況?

(1) 出現高燒。

(2) 感染急性疾病。

(3) 之前接種該疫苗時曾經發生嚴重反應。

(4) 感染肺結核未治療者。

預防接種時,仍應諮詢醫師進行生理狀況評估之後,再決定是否接種疫苗;如果只是輕微感冒或是已經進入恢復期,還是可以請教醫師是否適宜進行疫苗接種。

2. 不能接種活性減毒疫苗的對象

孕婦、免疫功能不全或因染患重症或營養不良造成免疫功能低下、接受免疫抑制治療者(使用類固醇者,需請教醫師是否適合施打疫苗)。

3. 不適合接種活性減毒口服小兒麻痺疫苗(OPV)之幼童

(1) 免疫功能有問題者:先天免疫缺失、愛滋病檢查陽性個案、白血病、淋巴癌病人和正在接受免疫抑制藥物治療的病人。

(2) 家裡有上述(1)中敘述之病人的幼童。

(3) 一個月內曾進行過或預定要進行腸道及肛門手術的人。

(4) 與輪狀病毒疫苗的接種需間隔2星期。

這類幼童需要經由醫師開立診斷書,另外給予不活化型疫苗接種。

4. 需要注意施打間隔的疫苗

這裡需要注意施打間隔的疫苗是指麻疹、麻疹腮腺炎德國麻疹混合疫苗、水痘疫苗：

(1) 需與免疫球蛋白、B型肝炎免疫球蛋白間隔3個月。

(2) 除了洗滌過的紅血球（Washed RBC），需與血液製品的輸予間隔6個月。

(3) 靜脈給予高劑量的免疫球蛋白（一公斤給予大於或等於一公克）者，需間隔11個月才能接種上述疫苗。

5. 接種單位

各地衛生所及醫療院所。

6. 應攜帶文件

應攜帶幼兒健保卡及預防接種手冊。若預防接種手冊遺失，應逕向當地衛生所申請補發。

7. 相關費用

衛生所免費施打，醫療院所則需自行負擔掛號費及診察費。

8. 政府提供之免費預防接種

卡介苗、B型肝炎疫苗、五合一疫苗、水痘疫苗、麻疹、腮腺炎、德國麻疹混合疫苗、日本腦炎疫苗、流感疫苗，其他則需由民眾自行負擔並前往醫療院所接種。

(二) 接種後產生不良反應的處理

1. 如果只是局部反應，通常過了2～3天就會改善；但是如果持續惡化，仍需趕快就醫處理。

2. 如果出現全身性反應，例如：高燒不退、抽筋及過敏性休克反應，應趕快就醫勿延遲，並應儘速通報衛生單位。

第四節　教保人員的管理職責與措施

在傳染病防治上，教保人員也有應負的管理職責與措施，除了可以及早發現疑似被感染的幼兒，也可以因此做好預防傳染病的傳播，不論對幼兒及幼兒園來說，都是很重要的。此節也將依平日與流行期，分成教保人員平日的管理職責與措施，以及流行期的管理職責與措施來加以說明。

一、平日管理職責與措施

(一) 應多瞭解各種傳染病的相關知識

包括各項傳染病的致病原、傳染途徑、症狀及預防或治療方法。

(二) 定時監測幼兒體溫的變化

1. 如幼兒體溫出現超過37.5°C不退情形，應即馬上與其他幼童作適當隔離，並通知父母帶去就醫。

2. 注意事項：

(1) 正確操作體溫計。

(2) 每天固定時間測量，以便比較溫度變化。

(3) 測量前30分鐘內應避免進食過熱或過冷的飲食，以免造成體溫的急遽改變。

(三) 觀察幼兒的狀況變化

如果幼兒出現活動力減少、病懨懨的樣子、煩躁不安、哭鬧不休、食慾變差等情形，應多加留意，不可掉以輕心。如果出現情形未改善，或是有咳嗽、流鼻涕等症狀，應該通知家長帶去就醫。

(四) 接觸幼兒之前或之後都應該洗手

如果要幫幼兒查看口腔有無異樣，應該嚴格遵守在檢查每個幼兒之前都必須進行手部的清潔及消毒，避免藉由大人的手將病原傳播開來。

(五) 教導幼兒加強自己個人的衛生

可用圖片提供相關的知識，例如：不要用手碰觸嘴巴、不要將物品放入嘴巴，也不要因為好奇去玩馬桶或水龍頭。

二、流行期管理職責與措施

1. 請感冒的小朋友儘量在家休息，不要到學校上課，避免病原的傳播。

2. 可請小朋友都戴上口罩，減少飛沫的傳染。

3. 提供父母，病童的健康狀況與追蹤病童的恢復情形。

4. 維持教室環境的清潔，以及消毒任何小朋友可能接觸的物品與界面。

第五節　幼兒園對傳染病的管制與通報

本節主要探討的是幼兒園對傳染病應負的管制職責與通報責任，茲分述如下。

一、幼兒園對傳染病的管制措施

(一)相關法令

1. 傳染病預防

《傳染病防治法》第19條規定各級政府機關（構）及學校平時應加強辦理有關防疫之教育及宣導，並得商請相關專業團體協助；主管機關及醫療機構應定期實施防疫訓練及演習。

2. 防疫措施

《傳染病防治法》第37條規定地方主管機關於傳染病發生或有發生之虞時，應視實際需要，會同有關機關（構），採行管制上課、集會、宴會或其他團體活動，管制特定場所之出入及容納人數，特定區域之交通，撤離特定場所或區域之人員，限制或禁止傳染病或疑似傳染病病人搭乘大眾運輸工具或出入特定場所或其他經各級政府機關公告之防疫措施且不得拒絕、規避或妨礙。

(二)幼兒園對傳染病應負的防治責任

依據《傳染病防治法》，可將幼兒園責任分為平時的衛生教育宣導工作及傳染病發生或有發生之虞的責任。

1. 平日的措施

(1) 衛生教育宣導

- 幼童方面：設計有關的遊戲或活動，讓幼兒瞭解如何保護自己。
- 父母方面：定期舉辦衛生教育宣導、相關座談會或懇親會，讓父母瞭解園所的防治措施與需要配合事項。
- 教保人員：定期舉辦相關研習，補充教保人員相關知能，並能實際運用於日常情境中。
- 行政人員：除加強傳染病防治相關知能外，也應訓練行政

人員熟悉傳染病通報程序相關作業。

(2) **員工自我健康管理措施**

- 所有員工應進行例行性定期健康檢查，並應排除所有傳染病的可能性。

- 員工只要有任何疑似傳染病症狀出現，應休假並前往醫療院所做進一步確認與治療。

- 廚工應確認雙手無傷口，也不能有咳嗽等情形還料理食物，以免造成食物中毒或傳染病散播之虞。

2. **環境管理**

(1) **園內物品之定期消毒、更新與替換**：幼兒的書本、玩具、被單、床套及桌椅，應定期進行清潔與消毒；其他幼兒園的物品一旦老舊或有破損，應注意是否會造成衛生與安全的疑慮，並應定期進行整修、更新與替換。

(2) **餐具的清潔與消毒**：由於幼兒是傳染病的高危險群，所以必須注意餐具的清潔與消毒。目前大部分就讀幼兒園的幼兒都是自行攜帶餐具到學校用餐，並且採取一餐使用一副餐具的方式。要注意的是運送菜餚過程中，維持菜餚避免受病原的汙染。

(3) **例行性環境消毒**

- 消毒範圍：包括全園地面、行政區所有桌面及物品、幼兒使用的課桌椅、玩具、書本、床墊、棉被及娃娃車等。

- 消毒時間：應定期消毒，並勿間隔過久，建議可一週一次，除使用消毒液之外，也應儘量曝曬於大太陽底下至少8小時，利用紫外線進行消毒。

3. **傳染病發生或發生之虞**

(1) **疑似個案之管理與通報**：只要發現任何疑似個案，即應於24小時內向當地主管機關通報，當地主管機關包括當地衛生所

或衛生局及教育部。

(2) **園所消毒**：若有傳染病發生之虞，應配合衛生單位進行園所的全面消毒，以避免傳染病的擴散。

(3) **其他措施**：包括個案的適當隔離與通知家長帶回、確保疑似個案或確定個案在家休養至少一星期，提供充分的防治訊息給家長，加強幼兒的衛生管理及教導幼兒做好自我防護，如常洗手，尤其是吃飯前及便溺後的洗手，並避免碰觸眼、耳、鼻及馬桶蓋。

二、幼兒園對傳染病的通報責任

(一) 相關法令

《傳染病防治法》第42條規定相關人員發現疑似傳染病病人或其屍體，未經醫師診斷或檢驗者，應於24小時內通知當地主管機關，其中包括學前教（托）育機構之負責人或管理人。

(二) 通報程序

填寫通報單，傳真至相關主管機關，並應電話聯絡相關主管機關。此處以臺北市為例，其傳染病防治通報作業流程如圖5-11所示。

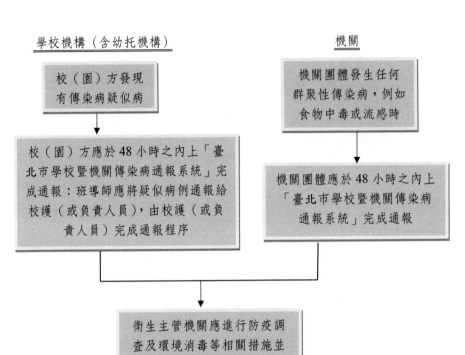

圖5-11　臺北市學校暨機關傳染病通報作業流程

資料來源：臺北市各級學校校園疑似傳染病通報及相關防治作業。
http://subdata.health.gov.tw/tpcg_infection/upload/校園疑似傳染
病通報及相關防治作業1011114修正.pdf

　　另外，學校單位可以上衛生福利部疾病管制署官網去申請學校傳
染病監視通報資訊系統帳號密碼，申請網頁界面如圖5-12，依照指令
填寫申請後，即可得到一組帳號密碼，日後即可依據帳號密碼通報傳
染病疑似病例通報作業。

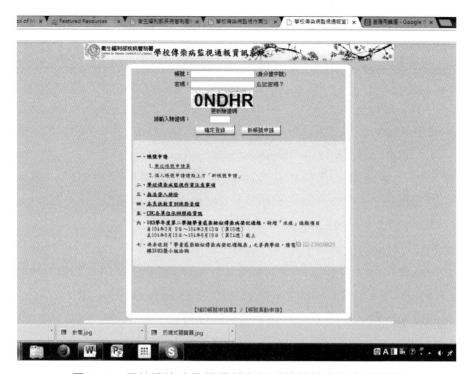

圖5-12　學校傳染病監視通報資訊系統帳號密碼申請頁面

參 考 書 目

一、中文部分

王昶閔（2009）。抗流感噴劑　快速崩解病毒。自由時報2009/7/22。網
　　址：http://news.ltn.com.tw/news/focus/paper/320841。

李允吉、劉建衛、黃高彬（2005）。登革熱與登革出血熱。**感染
　　控制雜誌**，*17*(5)。取自http://www.nics.org.tw/old_nics/maga-
　　zine/17/05/17-5-03.htm

林曉娟（2008）。當孩子感染腸病毒：出現重症前兆要小心。取自http://
　　beaver.ncnu.edu.tw/projects/emag/article/200808/當孩子感染了腸病
　　毒.pdf

陳豪勇（1995）。登革出血熱症。科學月刊，311。取自http://210.60.
　　224.4/ct/content/1995/00110311/0006.htm

臺北市政府衛生局（2013）。**幼兒常規疫苗**。取自http://www.health.
　　gov.tw/Default.aspx?tabid=686#6

臺灣兒科醫學會（2007）。**保護您的小寶貝：免於嚴重肺炎鏈球菌感染
　　之威脅**。取自http://www.pediatr.org.tw/people/edu_info.asp?id=4。

衛生福利部疾病管制署（2013）。**腸病毒防治工作指引**。2014年12月11
　　日，取自http://www.cdc.gov.tw/uploads/files/86808648-aabb-4693-
　　a612-919d39bcd339.pdf

衛生福利部疾病管制署（2013）。**登革熱防治工作手冊**。2014年12月12
　　日，取自http://www.cdc.gov.tw/professional/info.aspx?treeid=4c19a0
　　252bbef869&nowtreeid=4dc827595f55c334&tid=8A80EC7F3356C730

衛生福利部疾病管制署（2013）。**德國麻疹傳染病工作手冊**。2014年12
　　月13日，取自http://www.cdc.gov.tw/professional/info.aspx?treeid=4c
　　19a0252bbef869&nowtreeid=4dc827595f55c334&tid=54CCEEA4C7E
　　000F6

衛生福利部疾病管制署（2013）。卡介苗接種政策說明。2014年12月14

日，取自http://www.cdc.gov.tw/uploads/files/201401/efa91a6b-e931-42ec-bcb9-82e96cdbeb67.pdf

衛生福利部疾病管制署（2015）。**學校傳染病監視通報資訊系統**。2015年2月17日，取自http://www.cdc.gov.tw/jumppage.aspx?url=https%3a%2f%2fschool.cdc.gov.tw%2f

雙伏威™肺炎鏈球菌十價接合型疫苗（衛署菌疫輸字第000891號）。網址：2014年12月15日，取自http://www.gsk.tw/PDF/vaccines/Synflorix.pdf

蘇湘雲（2013/09/13）。不出門仍可能染輪狀病毒。臺灣新生報。網址：2014年12月15日，取自http://health.udn.com/health/story/6057/366520

二、英文部分

Center for Disease Control and Prevalence［CDC］(2014). Influenza (Flu) Viruses. Retrieved May 1, 2014 from http://www.cdc.gov/flu/about/viruses/

Center for Disease Control and Prevalence［CDC］(2014). Preventing Norovirus Outbreaks. Retrieved May 1, 2015 from http://www.cdc.gov/vitalsigns/pdf/2014-06-vitalsigns.pdf

Center for Disease Control and Prevalence［CDC］(2014)。About Rotavirus。Retrieved May 1, 2014 from http://www.cdc.gov/rotavirus/about/symptoms.html

Center for Disease Control and Prevalence［CDC］(2014)。Pneumococcal Disease (Streptococcus pneumoniae)。Retrieved May 15, 2014 from http://wwwnc.cdc.gov/travel/diseases/pneumococcal-disease-streptococcus-pneumoniae

Haiyan(2011)。肺炎球菌。中文百科在線。網址：http://www.zwbk.org/MyLemmaShow.aspx?zh=zh-tw&lid=195853

R. I. Glass（2006）。漫漫30年輪狀病毒疫苗終有成。科學人雜誌。網址：http://sa.ylib.com/MagCont.aspx?PageIdx=2&Unit=featurearticle

s&Cate=&id=849&year=

World Health Organization〔WHO〕(2014). Influenza (Seasonal). Retrieved May 15, 2014 from http://www.who.int/mediacentre/factsheets/fs211/en/

World Health Organization〔WHO〕(2014)。Rotavirus infections。Retrieved May 1, 2014 from http://www.who.int/topics/rotavirus_infections/en/#

European Center for Disease Prevention and Control〔ECDPC〕. Prevention of norovirus infection in schools and childcare facilities. Retrieved May 1, 2015 from http://www.ecdc.europa.eu/en/publications/Publications/norovirus-prevention-infection-schools-childcare-facilities.pdf

幼兒常見的用藥方式

CHAPTER 6

前言

　　在說明幼兒常見的用藥方式之前，讀者應先具備一個重要觀念，亦即嬰幼兒並非大人的縮小版，所以在用藥時，千萬不可自行將大人藥物減量給幼兒吃，或任意餵給幼兒成藥。其實國內許多大型醫院，寧願選擇兒童專用的藥劑，也不自行將藥劑磨粉或將藥劑磨碎分袋，主要是擔心劑量稍有偏差，可能引起無可挽回的後遺症或死亡；另外一個原因就是有些藥劑並不適合磨粉使用，像是有些藥劑如腸溶劑，主要是怕胃酸破壞藥品的效果，然後能夠順利到達十二指腸或小腸，吸收才會有效，這是幼兒照護人員或為人父母不可不知的觀念。另外，幼兒給藥是依照幼兒年齡、體重或體表面積來計算的，這也是幼兒用藥要特別謹慎小心的地方。此章節將依序分別闡述幼兒常見的給藥方式介紹、教保人員給藥原則及給錯藥的處理、用藥的迷思及過期藥物的處理。

第一節　幼兒常見的給藥方式介紹

　　幼兒常見的給藥方式，若依給予途徑來區分，第一類為經腸胃道途徑的方式給予，此類途徑給藥方式分別為口服給藥及肛門直腸用藥；第二類為注射途徑，例如：肌肉注射、靜脈注射；第三類為外用方式，例如：鼻部噴劑、鼻部滴劑、耳朵滴劑、眼睛滴劑、皮膚用藥。在用藥量上，如果是以給藥的途徑來看，靜脈注射需要的劑量最少，接下來為肌肉注射、皮下注射、然後是口服給藥，最後才是肛門給藥，所以，肛門給藥的劑量是幾種給藥途徑中最大的。在此將依序介紹如下。

一、腸胃道給予途徑

　　腸胃道途徑是給藥最常用的方式，其中又以口服用藥及直腸肛門給藥為主要的方式，口服給藥又是這兩種方式中最常使用的方式。

(一) 口服給藥 (Oral Medicine)

1. 使用簡介

　　口服用藥是最常見，也是幾種給藥方法中最安全的給藥方式，藥袋上可以看到的處方縮寫詞為PO。口服的藥物經由腸胃道吸收後，會進入血液循環，然後透過肝腎代謝。醫師給藥的方式可分為飯前、飯後、睡前、隔天、需要時或幾小時為一單位，不論是飯前、飯後或其他時段給予的藥物，都應看清楚藥袋上的說明，看清楚有無指定時間，例如：飯前一小時；如果沒有特定說明，飯前給予的藥物則應於飯前30分鐘給藥，飯後給藥則應於飯後30分鐘使用。

2. 相關醫學縮寫

　　另外有一些相關的醫學縮寫，教保人員也可以稍微瞭解一下，例如：飯前的醫學縮寫為AC，飯後為PC，睡前為hc，每天為qd，每小時為qh，間隔一天為qod，每天兩次為bid，每天三次為tid，每天四次為qid，需要時才給為p.r.n，禁食為NPO。

3. 口服藥餵藥方式

　　較小的幼兒可以用洗淨的雙手將藥粉抹在舌頭上、兩頰內或上顎，或將藥粉泡水2～3cc直至溶解完全後，利用藥局給的藥杯，或自行購買餵藥器、注射針筒等將藥物餵給孩童。液體狀的藥物應注意使用刻度精確的量杯。

圖6-1　某牌餵藥器、針筒及液體藥劑小量杯

4.注意事項

(1) 口服藥應注意不可與果汁、咖啡、茶類、牛奶或可樂等飲料一起使用，以免影響藥物的吸收或作用加乘，整理如表6-1。

表6-1　藥物併服各類飲料影響藥物吸收的情形

藥物併服不同飲料	影響藥物吸收的情形
藥物併服果汁	降低肝臟代謝藥物的能力，也就是延長藥物在體內的滯留時間，變成藥物的效果會加強，所以若與降高血壓藥一起使用，可能導致血壓過低而致命。
藥物併服茶類	減少藥物的吸收，可能導致需要的藥量不足。
藥物併服牛奶	導致一些腸衣錠本來應該在腸道中溶解吸收，反而提早在胃中溶解，變成無法吸受利用。鐵劑也應與牛奶間隔2小時，以免牛奶與鐵劑結合，造成無法吸收。

(2) 使用有安全瓶蓋的藥瓶，並放置在幼兒拿不到的地方，以免誤食。

(3) 有些藥物必須注意可能不能咬碎，或必須放在舌下慢慢吸收，例如：長效錠及舌下錠，應請教醫師或藥師服用方式。另外像是阿斯匹靈類與止痛消炎藥物具有腐蝕效果，服用後應避免躺著，以免造成食道與胃的傷害。服用藥物時可喝一杯溫開水，避免藥物刺激消化道。

(4) 液體類藥品應注意劑量的正確拿取，使用確實的量劑工具，像是刻度精確到0.1cc，避免過量使用或用量不足。

(5) 千萬勿使用別人的藥物或自行購買成藥，以免誤用或造成病情加重；也勿讓孩童使用大人的藥物；應保存藥袋，若有問題時，可讓醫師儘早依照藥袋的資訊進行診治。

(6) 藥物需保持乾燥，故應擺放在通風乾燥之處，也應避免陽光直接曝曬或放置潮濕處，以免藥物變性。

5. 藥物劑量算法

一般而言，通常1歲以前是依照佛氏法則（Fried's Rule）或克拉克氏法則（Clark's Rule）；1歲以上是以考林氏法則（Cowling's Rule）或楊氏法則（Young's Rule）為計算規準。另外，其實體表面積法才是最精確的算法，但由於算法較複雜，故比較少被採用。

(1) 克拉克氏法則 = 成人劑量×嬰兒體重（磅）/150，其中1磅 =2.2公斤。

(2) 佛氏法則 = 成人劑量×嬰兒出生年月數/150。

(3) 考林氏法則 = 成人劑量×（1 + 兒童年齡）/24。

(4) 楊氏法則 = 成人劑量×兒童年齡/（兒童年齡 + 12）。

(5)體表面積算法 = 成人劑量×（兒童體表面積/1.73）。

6. 藥物服用時間說明

醫師開立的醫藥處方簽中，會詳註藥物服用的時間，但通常只註明是飯前使用、飯後使用、與飯併服、兩餐之間、每幾小時或睡前。除了每幾小時是希望照幾小時準時給予藥物，其他給藥時間，如飯前，究竟是飯前多久稱為飯前，為給讀者一個正確的給藥時間概念，在此將藥物使用時間說明如表6-2。

表6-2　藥物使用時間說明表

藥物使用時間	詳細說明
飯前使用	通常是指飯前30分鐘
飯後服用	一般指飯後30分鐘至1小時之內
與飯併服	飯後立即服用藥物
兩餐之間	飯後2～3小時
每幾小時，如每4小時	通常是為了維持血液中藥物的濃度，例如：抗生素；這樣的處方則務必請按照時間服用
睡前服用	睡覺前或睡覺前30分鐘至1小時

資料來源：改編自國家網路藥典，正確用藥Q&A，http://hospital.kingnet.com.tw/medicine/qa.html#4

(二)直腸肛門用藥（Rectal Administration）

1. 使用原則
給予藥物前後都應該洗淨雙手，給藥者並應戴上手套。

2. 使用方法
請小孩手抱膝，將身體彎曲如蝦米狀，如為栓劑，若怕痛，可先塗抹一些甘油或放入溫水讓藥劑變得較濕潤；用一手將屁股撥開，再輕輕將栓劑塞入肛門內，捏住肛門2～3分鐘確定藥劑不會滑出為止，且需維持靜臥姿勢約15分鐘，讓藥劑能夠充分吸收。

3. 藥劑儲存方式
一般而言若無特別標示需要冷藏，通常只需將栓劑放在陰涼乾燥不會被陽光直接照射的地方，避免藥劑遇熱而變軟；但若藥劑變軟，請勿壓捏，只要將其放到冰箱冷藏室，即可恢復形狀。

二、注射途徑

以注射途徑施與藥物的方式有三種，分別為肌肉注射、靜脈注射

與皮下注射，在此分別說明如下。

（一）肌肉注射（Irtamuscular Injection, IM）

肌肉注射因爲是幾種給藥途徑中安全性較高的一種，因此是很常見的給藥途徑。在此將探討幼兒建議的注射部位、不同年齡層建議的注射肌肉，以及相關的注意事項。

（二）幼兒建議的注射部位

目前建議小兒接受肌肉注射的部位爲臀部（Gluteal）、股外側肌（Vastus Lateralis），以及臀部和腹腔間區（Ventogluteal），分別說明如下：

(1) **臀部**：建議的臀部部位爲臀部的外上側，也就是將臀部畫成四份，外上四分之一中間或稍外的位置，如標示的紅點就是較佳的施打部位。選擇此部位的原因是怕打到坐骨神經，造成神經的傷害而導致類青蛙肢的結果。

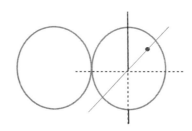

圖6-2　臀部肌肉注射較佳選擇部位

(2) **股外側肌**（大腿部位，Vastus lateralis [thigh]）：股外側肌是目前公認最安全的肌肉注射部位，主要是因爲這個部位血管神經分布最少，故比較不會有神經受損的後遺症疑慮。將大腿從膝部到髖部（屁股）的部位平均分成三等份，中間的部位就是注射的位置，如圖6-3所示。

177

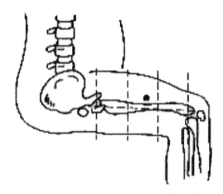

圖6-3　骨外側肌肌肉注射部位

(3) **臀部和腹腔間區**：另外一個常被使用來作爲肌肉注射的選擇部位是臀部和腹腔間區。7個月大以後可以使用此部位進行肌肉注射，但此部位絕對不可以當作疫苗施打的位置。

2. 不同年齡層建議注射的肌肉部位

目前建議肌肉注射的部位依照各年齡層而有所不同，詳列如表6-3。

表6-3　不同年齡層建議注射的肌肉部位

不同年齡層	建議注射的肌肉部位
新生兒（出生至28天）	大腿前外側肌肉（Anterlateral thigh muscle）
嬰兒（出生1個月至周歲）	大腿前外側肌肉（Anterlateral thigh muscle）
學步期（1～2歲）	大腿前外側肌肉（Anterlateral thigh muscle）替代位置：手臂三角肌（Deltoid muscle of arm）
孩童（3～18歲）	上臂三角肌（Deltoid muscle of upper arm）替代位置：大腿前外側肌肉（Anterlateral thigh muscle）

註：替代位置是指當第一首選的部位，肌肉不適宜打針時，則可改選替代位置的肌肉來進行肌肉注射。

3. 注意事項

幼童若採取肌肉注射時，幼保人員也需瞭解一些專業知識，確實注意下列一些事項，以避免幼童在肌肉注射時產生一些不必要的傷害。

(1) 肌肉注射時，要留意到護士的針頭與肌肉是呈垂直角度的，如圖6-4所示。

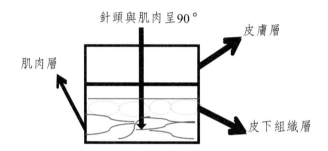

圖6-4　肌肉注射時，針頭與肌肉需呈90°

(2) 2歲以下的幼兒或新生兒，不建議使用臀部的肌肉給予藥物注射，主要是因為2歲以下幼兒的臀肌發展還沒完全，此時的肌肉還太小塊，故很容易傷到坐骨神經。

(3) 如果是採用臀部外上側為注射部位時，幼兒最好是採俯臥的姿態，並且需要確認幼兒不會亂動，以免打到神經。

(4) 施打的醫護人員應該先與患童建立一些關係之後，讓幼兒情緒較平穩後再給予肌肉注射藥物。

(5) 注射後應觀察幼兒15分鐘，確保幼兒沒有任何副作用時，才離開醫療院所；若有硬塊產生時，可用熱敷緩解。

4. 可能造成之合併症

(1) 感染：可能因為護理人員雙手未洗淨、打針設備消毒不全或是打針設備被汙染。

(2) 不對的注射部位，可能造成硬塊或神經傷害。

(3) 疼痛：通常是打針部位的局部疼痛，一般不會持續太久。若出現劇烈疼痛，也應立即告知醫師處理。

(4) 過敏休克反應：一旦過敏反應出現，應立即就醫，避免休克反應出現。

(二)靜脈注射 （Intravenous Injection, IV）

1. 適用情形

通常靜脈注射的給藥方式是適用於大量給藥，為了緩解脫水、電解質不平衡、無法由口進食、有營養欠缺的情況下或需要輸血，可選擇由靜脈注射的方式補充水分、電解質或營養。

2. 注意事項

通常幼兒會在醫療院所接受靜脈輸液治療，若需教保人員陪同時，應注意下列事項：

(1) 要注意的是醫護人員每次給予靜脈注射治療時，都應該使用經過無菌消毒且單次使用的靜脈注射裝置。

(2) 應注意注射部位有無紅、腫、熱及痛等現象，若有時應趕快告知護理人員。

(3) 教導幼童不要拉扯靜脈注液的輸管，並要留意輸液的順暢度，如有回血的情形，也應告知護理人員處理。

(4) 若幼童需要上廁所時，需留意靜脈輸液的點滴應高過於打點滴的部位，以免造成注射血管的堵塞不通暢。

(5) 另外，幼童如果出現嘴巴、嘴唇、臉腫起來、身體起紅疹、或出現呼吸困難現象，都應立即告知醫護人員處理。

(三)皮下注射 （Subcutaneous Injection, SC）

皮下注射法通常被用於注射胰島素或施打疫苗時的給藥途徑，在此將依施打方式以及注射部位兩部分，說明如下。

1. 施打方式

皮下注射方式主要是將藥物打到皮下組織，也就是將藥注射入位於皮膚層與肌肉層之間的脂肪組織。需要注意的是，針頭施打的方向與肌肉要呈45°，而且施打時應該要將肉直接捏起，避免打到肌肉。

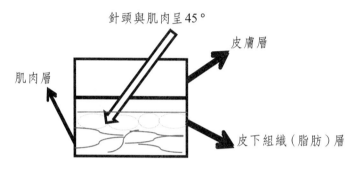

圖6-5　皮下注射時，針頭與肌肉需呈45°

2. 注射部位

糖尿病病人定時施打胰島素時，常常被當作皮下注射的身體部位有腹部、手臂、腿部及臀部，其中又以腹部吸收效果最佳，接著分別為手臂、腿部，最差的是臀部。若是需要皮下施打疫苗的話，通常選作皮下注射的部位，小於12個月的嬰兒通常是選擇大腿的部位，大於12個月以上或更大的人則可以選擇上外肱三頭肌區，選擇的部位如圖6-6所示。

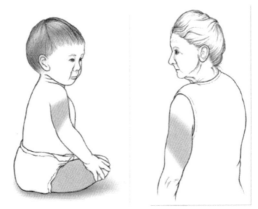

圖6-6　小兒皮下注射疫苗的選擇部位與12個月以上幼兒的選擇部位

資料來源：http://www.cdc.gov/vaccines/pubs/pinkbook/downloads/appendi-
　　　　　ces/D/vacc_admin.pdf

(四)皮內注射法（Intrademic Injection）

皮內注射法主要是用於抗生素的敏感試驗與預防接種的給藥技術，會將藥物或疫苗打進皮膚與真皮之間，目的在測試身體對藥物的局部反應，此時選擇的部位會是手掌向上的前臂中段；若是給予百日咳及卡介苗等疫苗，通常會選擇三角肌下緣部位，且注射時，針頭需與皮膚呈15°，如圖6-7所示。

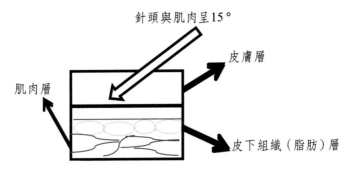

圖6-7　皮內注射時，針頭與皮膚呈15˚

三、外用方式

一般而言，外用方式的給藥方式可以分爲直接皮膚塗抹給藥、眼睛滴劑、鼻腔滴劑、耳朵滴劑、蒸氣吸入法幾種，介紹如下：

1. 直接皮膚塗抹給藥

一些外用軟膏，像是類固醇或消炎軟膏必須依照醫師的處方劑量謹愼使用，因爲幼兒的皮膚角質層比較薄，含水量也較成人多，故很容易吸收藥物，也因此必須謹愼小心劑量的部分，千萬不要因爲塗抹過多而造成一些後遺症的產生，例如：全身大面積的使用類固醇可能造成一些副作用出現，像是水牛肩及月亮臉。

2. 眼睛滴劑與眼藥膏

使用眼睛滴劑時，切記用量且需依照醫師處方箋，通常眼藥水爲1～2滴，軟膏約爲1公分。講解眼睛滴劑與眼藥膏，將依其使用步驟以及一些相關的注意事項分別加以說明如下：

(1) 使用的步驟，如下：

- 先用香皂及清水洗淨雙手。
- 滴眼藥時可讓幼童採取站姿、坐姿或躺著。首先要幼童將頭往後傾，並用食指輕輕將幼童的下眼瞼往下撥並固定。
- 請幼童眼睛往上看，將藥劑滴在幼童下眼瞼裡面，請幼童勿眨眼或用手擦眼睛，閉上眼睛5分鐘，可以的話可以微微低頭。
- 可以用手輕輕的壓住滴眼藥眼睛的眼角內側靠近鼻子的位置，避免眼藥水流進鼻腔或喉嚨，影響眼睛對藥物的吸收。
- 結束後再用香皂洗淨雙手。

(2) 一些相關的注意事項如下：

- 眼藥水的滴管要小心不可碰到眼睛，以免造成藥劑的汙

染，進一步造成未受感染的眼睛也受到感染。

- 滴眼藥時必須先滴未感染的眼睛，再滴已受感染的眼睛；即便只有一隻眼睛感染，建議最好還是兩隻眼睛都施予藥物。

- 若眼藥水為懸浮液狀態，應搖勻後再使用；如果有兩種眼藥水，兩者施予時間應該間隔至少5分鐘；如果同一種藥水要滴第二滴，也要間隔5分鐘，讓第一滴有時間吸收；如果是有眼藥水與藥膏，則先給予眼藥水，再給予軟膏。

- 若給藥人的手會抖，可試著從側面接近眼睛，這樣手就可以擱在臉上，避免手部發抖；若手還是會抖，可以考慮到體育用品社買一種約1～2磅的手腕加重帶戴在手腕上，應該可以減輕手抖的現象。

3. 鼻腔滴劑或噴劑

使用鼻腔滴劑時，幼童最好採躺著的姿勢；給藥者應先用香皂及清水洗淨雙手，並協助幼童用棉花棒先將鼻腔清理乾淨，以利藥物的吸收；若為噴劑，則應壓住不是生病的鼻孔，將噴頭插入生病的鼻孔並維持90°的角度給藥；滴劑則應靜臥，滴完之後應維持靜臥姿勢5～10分鐘；使用完後應清潔噴頭的部位，保持噴頭的乾淨；切記個人使用的鼻腔滴劑或噴劑，勿與他人交互使用，以免散播疾病。正確鼻滴劑給藥圖示，如圖6-8所示。

圖6-8　流感疫苗鼻滴劑給藥方式圖示

資料來源：Center for Disease Control and Prevention(2015). Vaccine Admin-
istration. Retrieved May 8, 205 from http://www.cdc.gov/vaccines/
pubs/pinkbook/downloads/appendices/D/vacc_admin.pdf

4. 耳朵滴劑

使用耳朵滴劑時，應先用香皂及清水洗淨雙手，請幼童側躺，露出欲滴藥的耳朵。假如耳藥水是懸浮液，在使用前應先搖一搖，輕輕拉扯幼童的耳朵，讓耳道稍微變直，並且維持側躺姿勢，讓藥物可以進入耳道；用乾淨的衛生紙擦掉滴出來的藥液，如果滴管跟藥瓶是分開的，請勿將滴管放置在任何東西上面，亦即應隨手將滴管放回藥瓶內並將藥瓶鎖緊；結束滴藥後要記得再用香皂與清水洗手，以免將疾病傳給其他幼童。

5. 蒸氣吸入法（Inhalation Therapy）

(1) **簡介**：藉由呼吸面罩、噴霧器材等提供藥物，透過呼吸道吸入的方式，通常在緩解呼吸道方面的症狀，是所有非侵入性的治療方法中藥效最快的。一般而言，較小的小孩會使用呼吸面罩（Mask），以將口鼻全部罩住，讓藥物能完全進入孩童的呼吸道；較大的幼兒，如3歲以上，則可以以口含住噴霧器材（Inhaler），讓藥物整個進入呼吸道。面罩及噴霧器材的圖片，如圖6-9所示。

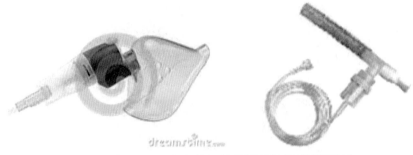

圖6-9　蒸氣吸入治療使用的呼吸面罩及噴霧器材

(2) **注意事項**：進行蒸氣吸入治療法時，需要注意一些相關的事項，在此說明如下：

- 通常醫師開立的處方會是每6小時一次或每8小時一次，每次通常要持續15分鐘。

- 最好在飯前1小時或飯後2小時進行，以免幼兒感到噁心而嘔吐，造成吸入性肺炎。

- 使用噴霧器材前，操作者一定要切記洗淨雙手並帶無菌手套執行整個過程，所有器材使用後也應進行適當的清洗，通常是用無菌水清洗並以氣體吹乾，並應定期給予消毒，且切勿與人共用一套器材。

- 做完蒸氣吸入治療後，最好合併叩背拍痰技術，可加強肺部深處痰液的排出。物理性的扣背拍痰技術也要15分鐘，方法是讓幼兒頭朝下，身體高過於頭部；施行拍痰技術者手呈杯狀，並且切記先拍患側，再拍健康的那一側，且應由下往上拍。

☺ 第二節　教保人員應注意的協助給藥原則及給錯藥的相關處理原則

　　由於在幼兒園，幼教師或幼保人員常需要面對一群幼兒，若逢感冒流行季節，可能會有一群小朋友同時需要協助用藥時，幼教師或教保人員需要特別注意給藥的時間、給藥的對象、給藥的劑量是否正確。因此，本節主要探討的是教保人員在協助給藥時應注意的一些給藥原則，以及給錯藥的相關處理，一一分述如下。

一、教保人員應注意的協助給藥原則

　　教保人員在協助幼兒使用藥物時，需要注意下列一些基本原則，以減少給藥錯誤的發生。

(一)給藥五對原則

　　在臨床上，醫護人員在給病人藥物時，會有所謂的「三讀五對」給藥原則。「三讀」就是要從藥盒中拿藥出來時、確認藥袋上的藥名與藥盒上的藥是一樣的，最後就是打開藥袋給病人時要再次確認；所謂的「五對」就是姓名、藥名、劑量、給藥方式、給藥時間要對，才能給予。這樣的操作程序就是所謂的三讀五對。

　　但在幼兒園，由於幼教師或教保人員並不用配置藥物，所以並不需要所謂的三讀程序。但是在給幼兒藥物時，一定要確實核對幼兒的姓名、藥名、劑量、服用方式，以及服用時間；在給藥時，最好能夠叫喚幼兒的姓名，並且詳閱藥袋上的說明，確認藥物的劑量、服用的方式以及時間之後再給予，以避免給錯人、給錯劑量或給錯時間；當然最好可以採交叉核對的方式，亦即與另一位教保人員交叉比對幼兒的基本資料，以及用藥的相關資訊。

187

(二)使用正確的藥物測量器具

由於幼兒的體積小、體重輕，所以使用的藥物劑量測量器具必須愈精確愈好，以避免藥量過大產生副作用，或是藥量過小無法發揮藥物的療效。因此在協助給予幼兒藥物時，務必遵照藥袋上的指示，並且使用刻度量尺單位愈小的愈好，例如：幼兒的咳嗽藥水通常為4～5cc，使用測量單位為0.1cc的藥劑測量器具就比測量單位為1cc的測量器具來得更為精確。

(三)注意正確的藥物服用時間與藥物使用禁忌

藥物發揮作用時間是依據藥物在血液中的半衰期來決定的，亦即希望藉由間隔一段時間服用藥物來維持血液中藥物的一定濃度，達到治療的效果。所以，儘量在醫師規定的時間內服用藥物是很重要的。詳細的用藥時間說明已在第一節列表說明過，在此不再贅述。

(四)使用藥物之後的反應觀察

協助幼兒服用藥物或利用其他途徑給藥後，都應該觀察幼兒的反應，包括有無過敏反應、休克反應或其他不適反應，例如：起紅疹、臉部腫脹、喉嚨緊縮感、呼吸困難等症狀；一旦有任何不適症狀出現，都應該趕快通知家長帶至醫療院所就診，以免進一步的傷害發生。

二、給錯藥的相關處理原則

如果一旦將藥物給錯幼童，或劑量給予錯誤，千萬不要因為害怕被究責而刻意隱瞞，反而造成不可收拾的後果發生。2003年一篇英格蘭期刊曾針對411位護理人員給藥異常的心理進行探討，發現高達80.3%的護理人員是感到焦慮的，七成八與七成二的護理人員則分別感到心情低落與害怕，顯現給錯藥之後，普遍都會有焦慮、心情低落

與害怕的情況。但是大部分的護理人員還是會面對自己的錯誤，會先
看病人有無不良反應或副作用發生，並會馬上通知醫師做進一步的處
理。

因此，幼教師或幼保人員一定要記得，正由於幼兒眾多，更需要
注意用藥的正確性與安全性。同時也應留意幼兒的用藥反應，一旦有
任何不適反應出現，應給予立即性處理，千萬不要延遲處理，一定要
儘快通知父母送醫處理；若無法在第一時間通知到父母，也應通知園
長，詢問是否先送至醫療院所，並同時聯繫家人，直到聯絡上為止。

第三節　用藥的迷思及過期藥物的處理

本節特針對一些用藥的迷思以及過期藥物的處理加以說明，讓教
保人員能對藥物使用或過期藥物能有更正確的瞭解，也能給予父母更
多正確用藥知能的引導。首先要探討的是一般用藥的迷思，然後才是
過期藥物的處理，在此一一分述如下。

一、用藥的迷思

在用藥上，其實許多人都有一些迷思存在，認為一些用藥的方式
是無所謂的，殊不知這樣的給藥潛藏著很多的危險，不可不慎。

1. 幼兒不是大人的縮小版，故不可將大人的藥劑自行折半或切成四等份給小孩吃

幼兒的藥物使用劑量是根據幼兒的身高、體重或體表面積精確計
算出來的藥量，許多大型醫院為了避免藥劑量的不正確，甚至購買價
位更高的小兒藥劑，目的即在防止給藥劑量的不正確性發生。另外，
每個人的症狀或病因不見得相同，都應該經過醫師的檢查診斷才能確
立病因並對症下藥，所以，大人千萬不要拿醫師開給自己的藥物，自

189

作主張的減量餵給小孩，以免產生不可收拾的後果。

　　教保人員在面對幼兒的家屬時，若有碰到此種狀況，應該耐心地向家屬解釋其後果的嚴重性，也千萬不要答應家屬做此種危險的動作，以免危及幼兒的健康與生命安全。

　　2.「只是小感冒，到藥房買藥即可，不用去看醫師！」

　　很多家長自己有感冒時，常常自行到藥房買成藥緩解疾病症狀，殊不知感冒種類繁多，有可能是細菌性的，或病毒性的，又或只是一般風寒，故千萬不可自己當起醫師，自行診斷，自行用藥。尤其幼兒更不可如此處理，一旦有感冒症狀出現，就應該立即就醫，確認病原之後，才能讓醫師針對疾病症狀給藥，也能免除延誤就醫的結果，可能造成更難醫治的後果。

　　幼兒園幼教師平日可以教導幼兒一些傳染病相關知能及相關預防措施，也可藉由親師溝通會議時間進行一些疾病相關知能或常識，建立家長及幼兒良好的就醫習慣。

　　3. 有些藥，其實是不能磨碎服用的！

　　像是膠囊狀藥物或腸衣錠劑，基本上都是希望藥物到了腸道再被吸收，所以一旦磨碎，反而會被胃酸破壞，造成藥物無法吸收。有些藥物一旦磨碎，在胃中反而會造成胃部的傷害，像是阿斯匹靈類藥物；甚至有些長效藥劑雖然沒有裹上糖衣，也不能加以對半撥開或磨碎，以免被胃酸給破壞了，所以應該事先詢問藥師，千萬不要自己回家加以磨碎。

　　4. 藥物最好就是配白開水一起吞服，千萬不要配果汁、牛奶、
　　　 茶或汽水一起使用！

　　藥物不能跟果汁一起服用的原因，主要就是因為會造成肝臟代謝藥物時間變長，亦即藥物停留體內時間會變長，藥物毒性相對增加，可能造成致命的結果。所以目前已經知道抗組織胺藥、鎮靜劑、降血壓藥、降血脂藥、抗黴菌藥劑或免疫抑制劑都不可與果汁一起服用，

尤其是葡萄柚汁或柑橘類果汁。

　　茶葉中的單寧酸會影響鐵劑的吸收，也會引發中藥產生酸鹼反映造成沉澱，反而造成藥效無法吸收。其他一些併服反應已在第一節說明過，此處就不再贅述。

　　5. 忘記吃藥時，該如何補救或處理呢？

　　如果是一些必須用藥，如糖尿病的用藥，最好的方式還是請教醫師為宜，因為如果吃藥時間間隔太近，怕有血糖過低的情形；如果是需要維持血液濃度的，像是抗生素，可能就必須延後時間。但最好還是不要忘記吃藥，以免無法達到血液中藥物濃度，而降低治療效果或產生抗藥性；還有，抗生素一定要服完，千萬不可症狀緩解就自行停藥，以免造成抗藥性的產生。

　　6. 是不是藥沒吃完就要放冰箱保存？

　　領藥時，就可以請教藥師該藥劑是不是需要放在冰箱。其實大部分的藥劑並不需要放入冰箱保存，只要將藥劑放在通風涼爽的地方即可。有些藥劑如退燒的肛門塞劑、眼藥水或胰島素的針劑，雖然需要放在冰箱保存，建議也應與食物分開保存，最好放在冷藏室的最下層。

　　7. 「蠶豆症的小孩對蠶豆、樟腦丸過敏，那就用減敏法來感善蠶豆症啊！」

　　曾經有幼兒的家屬認為蠶豆症是可以利用減敏法來加以改善的，也就是他們認為每次接觸一點點蠶豆或樟腦便可以改善蠶豆症，但事實上並不然。蠶豆症是一種基因遺傳性疾病，只要接觸這類東西會造成血球溶血，可能有致命之虞；同樣地，許多疾病並不是用肉眼可以判斷的，很多疾病也不見得是過敏，所以也不能用減敏法來處理；更重要的是，減敏法應該是由醫師來進行，而非由個人自行進行，以免發生危險。

二、過期藥物的處理

目前對於過期藥物的處理，如美國FDA（Food and Drug Administration）以及國家毒品控制政策的白宮辦公室（the White House Office of National Drug Control Policy）就共同訂定了一個聯邦指引，主要內容為千萬勿將藥物用馬桶或水龍頭沖至下水道，而是應送至社區藥物回收中心進行適當回收處理。假如藥物是可以直接丟棄的話，也應遵循三步驟：首先就是移除藥品的外殼或容器，將之與咖啡渣混合，然後放在一個密閉的容器或空罐裡，避免藥物的外洩；而且應該撕除藥品容器上所有藥物相關資訊的標籤；最後才將裝有不需回收藥物的密閉容器或空罐，隨同家中的一般垃圾一起處理即可。

臺灣目前的處理情形是一般藥品不需拿至社區藥局回收站，只要包好當成一般垃圾處理；液體狀的藥劑可以與咖啡渣類的物品一起用密封的塑膠袋混合，當作一般垃圾處理；但如果是抗癌藥物則需要拿至貼有「廢棄藥物檢收站」標章的社區藥局，進行回收處理；切勿將藥品用水龍頭或用馬桶沖至下水道，以免造成河川汙染及魚類生態的破壞。

參 考 書 目

一、中文部分

台北市藥師公會（2012）。居家廢棄藥物檢收宣導。2015年3月2日，取
　　自www.tpa.org.tw/FamilyDrugsInspection/DL/10107.ppt

林芝安（2009）。藥能放冰箱、能配果汁嗎？破解常見13大用藥迷思。
　　康健雜誌，123。2015年1月2日，取自http://www.commonhealth.com.
　　tw/article/article.action?nid=65100&page=1

徐南麗（n.d.）。小兒肌肉注射。2015年3月1日，取自http://www.nlhsu.
　　tcu.edu.tw/teach_file/pub_2/60.pdf

國家網路醫院（2015）。寶寶生病時，如何正確給藥？蒸氣吸入法。
　　2015年3月5日，取自http://hospital.kingnet.com.tw/essay/essay.html?
　　pid=39392&category=%C5%40%B2z%B7%D3%C5%40&type=

施淑鳳（2011）。探討護理人員給藥經驗與安全措施。慈濟護理雜誌，
　　10(4)，14-23。2015年3月5日取自http://app.tzuchi.com.tw/file/DivIn-
　　tro/nursing/content/201108-10-04/14-23.pdf

諶欣瑜、陳瑛瑛（2015）。噴霧器之臨床應用與感染管制。感染控制雜
　　誌，24(6)，293-300。

二、英文部分

Center for Disease Control and Prevention (2015). Vaccine Administra-
　　tion. Retrieved May 5, 2015 from http://www.cdc.gov/vaccines/pubs/
　　pinkbook/downloads/appendices/D/vacc_admin.pdf

Glaucoma Research Fundation (2010). Eye Drop Tips. Gleams, 2010,
　　May. Retrieved May 1, 2015 from http://www.glaucoma.org/treatment/
　　eyedrop-tips.php.

Immunization Action Coalition (2007). How to Administer Intramuscular
　　(IM) Injections. Retrieved May 1, 2015 from http://www.nmtravel-

health.com/uploads/images/Administering_Vaccines.pdf

U.S. Food and Drug Administration (2015). Disposal of Unused Medicines: What You Should Know. Retrieved May 1, 2015 from http://www.fda.gov/Drugs/ResourcesForYou/Consumers/BuyingUsingMedicineSafely/EnsuringSafeUseofMedicine/SafeDisposalofMedicines/ucm186187.htm

幼兒安全問題與保護

CHAPTER 7

☺ 前言

　　孩子要能夠平安長大，除了身心健康，其安全問題也需要大人時刻留心，經常注意。沒有人希望任何意外事故發生在幼兒身上，然而同時也需要正確的觀念及知識，才能真正確保幼兒安全。在平時，照顧者便應為幼兒設立一個安全的環境，減少意外發生的可能性；而若意外仍不幸發生，亦必須能夠作即時且妥善的處理，將傷害降到最低。

　　除了意外事故及環境安全外，來自家人的傷害亦是近年逐漸浮上檯面且被社會關注的議題。本章在兒童保護及高風險家庭評估方面，亦有一節的篇幅進行探討及說明。

☺ 第一節　常見意外事故發生的原因、類別與處理

　　幼兒對事物充滿好奇心，然而，並非所有的新事物對幼兒都是友善的。在一不注意時，幼兒很容易因為接觸到危險物品或情境而受傷，甚至損及性命。

　　本國2013年嬰兒（0～1歲）粗死亡率為每千人3.9人（衛生福利部統計處，2014）；死亡原因中，「事故傷害」排名第五，占總死亡人數的5.9%。2013年兒童及少年（1～14歲）之粗死亡率為每十萬人16.1人；死亡原因中，「事故傷害」排名第二，占總死亡率的21.1%。先天疾病常非人力所能扭轉，但意外事故卻絕對有防範的可能。如能將事故傷害的發生率降低，則世上將可減少許多遺憾與悔恨。

一、常見意外事故發生的原因

以下分別說明常見意外事故發生的原因。

(一)幼兒本身的因素

幼兒處於好動又好奇的發展階段，偏偏對於危險事物卻又懵懂無知，因此，希望幼兒自己遠離危險實在是不切實際。正因如此，照顧者的觀念、習慣和警覺性，以及對環境本身的設計與維護，更成為減少幼兒意外事故的關鍵因素。

(二)疏於建立安全環境

照顧者再如何小心翼翼，也不可能分分秒秒盯著幼兒，因此，環境本身的安全設計與維護更形重要。居家環境中，家具邊緣、用品擺放、空間動線等，都應考慮到幼兒跑動、跌倒或伸手抓取之可能後果，並作調整。園所環境中，則空間動線、器具設施等，都應符合法規且勤於維護，並顧及幼兒活動及心理需求。

除了設備與空間的規劃外，大人本身也需有良好生活習慣來維持環境的安全。例如：物品用畢後隨手歸位，不應隨處散落；地面需保持乾燥；尖銳物品、易碎物品、藥品、殺蟲劑、清潔劑等如原本放在低處，應為幼兒安全著想而改放高處，等等。

(三)照顧者身心狀況不佳

若照顧者因生病、年老、婚姻失和、工作壓力等因素，致使身心健康狀況不佳，即使有良好的觀念，也可能心有餘而力不足，無法適當照顧幼兒。

(四)照顧者缺乏專業知能

1. 缺乏育養知能

例如：對於嬰兒睡姿、餵奶、洗澡等知識或程序不熟悉，可能在

197

照顧過程中發生意外。

2. 缺乏幼教知能

例如：課程或活動設計不當，不符合幼兒身心發展，可能讓幼兒在過程中受傷。

(五) 照顧者應變能力不足

1. 未能及時避開危險

危險趨近的過程中，若照顧者能夠及時反應，或許能在關鍵時刻保護幼兒不受傷害。例如：及時制止或阻擋幼兒碰觸危險物品、及時閃避車輛等。

2. 缺乏急救知能

當意外不幸發生時，若照顧者能有急救知能，至少可以將傷害程度降低。若照顧者不僅沒有急救知能，反而以錯誤知識處理，則傷害可能擴大。

(六) 未重視安全教育

讓幼兒建立安全觀念及培養自我保護能力，不僅可減輕照顧者的負擔，不會有防不勝防的壓力，更是幼兒成長與學習的一部分。在幼兒逐漸懂事的過程中，應教導他們什麼東西不能碰、什麼地方不能去、什麼事情不能做，其後果又為何。在生活中落實安全教育，也是一種帶領幼兒認識世界的方式。

(七) 情境干擾

某些特殊情境會造成照顧幼兒時的挑戰，再加上一些不利因素，便可能導致幼兒受傷。例如：照顧者一時忙碌，顧此失彼；下雨天道路濕滑、視線不良；來到陌生場所，大人小孩皆不熟悉環境等。然而，挑戰本無可避免，此時更顯平時觀念與習慣養成的重要性。

二、常見意外事故發生的類別與處理

以下為幼兒常見的意外事故發生類別，以及其預防與處理方法。

(一) 跌倒墜落

嬰幼兒動作發展尚未成熟，跌倒是時常發生的事，也是學步必經的過程。但若跌倒的地點不巧或不幸地是從高處跌落，後果便不堪設想。

以下是幾項可防止嬰幼兒因跌落而受到重大傷害的注意事項：

1. 平時生活環境

(1) **床**：嬰兒在3個月大以前大多待在床上，且對於床鋪邊緣的危險性缺乏知覺，故意外也多發生在此。為防從床上墜落，應避免讓嬰兒獨處於沒有床欄的範圍內。若照顧者需暫時轉身或離開，對於已會翻身的嬰兒，一定要確定有障礙物擋在其身體與床沿之間；而對於已會爬行的嬰兒，則不能將之獨自留在床上。

(2) **家具**：有幼兒的家庭，即使孩子平時走路已穩當，還是可能因追逐或不慎而跌倒，因此，家具的稜角處必須為圓鈍造型，或者需另套上軟墊。

(3) **樓梯**：在幼兒尚無法熟練地上下樓梯時，最好在樓梯口設置圍欄。

(4) **地面**：家庭或場所應保持地面乾燥，並避免散亂的玩具或雜物堆放。

(5) **衣物**：衣物勿過長，鞋子勿太大，鞋子、襪底應選用具有防滑效果的材質。

(6) **室內活動**：除非室內空間十分寬敞，或為體能活動專屬場所，否則必須禁止幼兒在室內奔跑追逐。

(7) **學步車**：學步車的使用者通常為尚不會站、更不會走的嬰兒。而學步車一旦成為其在活動力上的外加助力，便可能發生意料之外的事。例如：嬰兒因尚未學會煞車而撞上阻礙物，或因滑行到樓梯邊而連人帶車滾落。

2. 兒童墜樓問題

最嚴重的跌倒墜落，非墜樓莫屬。2006～2013年，重大兒童墜樓案例的新聞共有93件，其中71件的發生地點在住家周遭，且其中有七成五兒童在獨處時墜樓（靖娟兒童文教安全基金會）。

即使在有成人監督的情況下，兒童仍有可能發生意外，更何況獨留家中。《兒童及少年福利與權益保障法》第51條即規定：「父母、監護人或其他實際照顧兒童及少年之人不得使兒童獨處於易發生危險或傷害之環境；對於六歲以下兒童或需要特別看護之兒童及少年，不得使其獨處或由不適當之人代為照顧，否則將處新臺幣三千元以上一萬五千元以下罰鍰。」

(二) 溺水

溺水10分鐘即可導致腦死，因此，溺水是十分嚴重的意外。一旦發生，必須分秒必爭，立即施救。溺水可能發生的地點及預防方法，說明如下：

1. 室內設施

(1) **浴盆**：幼兒洗澡時若不慎滑入浴盆，淺淺的水深也可能造成溺斃。故為幼兒、尤其嬰兒洗澡時，不可將之單獨留在浴室或浴盆裡。

(2) **水桶**：水桶由於空間狹長，若幼兒不慎頭下腳上跌入有水之水桶內，即可能因掙扎不出而溺斃，故幼兒玩耍環境附近不可放置裝有水的水桶。

2. 室外環境

室外有水的環境，若不謹慎面對，即使對成人來說也具有危險性。以下是幾類地點需預防溺水的注意事項：

(1) **游泳池**：家長必須陪同在幼兒身邊，若在岸邊也應隨時注意孩子的活動狀況與所在位置。需使用游泳圈等輔助用具者，應確實穿戴。游泳池旁應有救生用具和救生員。

(2) **池塘**：不可讓幼兒獨自在池塘附近玩耍。若可能的話，應設置圍欄以防幼兒靠近。

(3) **溪邊**：應注意水流湍急和水深處，並讓幼兒遠離禁止戲水區域，千萬勿存僥倖心態。

(4) **海邊**：可供遊客戲水的海邊應有救生員，未開放戲水的地點則應嚴守規定，不可冒險涉足深水區域。幼兒在海邊的任何活動都應有照顧者的陪同和監督，並應穿戴好游泳輔助或救生用具。

(三) 窒息

與溺水類似，若有外物阻礙幼兒呼吸道而導致無法呼吸，10分鐘內便可能造成死亡。以下為常見之窒息原因：

1. 睡姿及寢具

一般為避免嬰幼兒於睡夢中窒息，會建議採用仰睡姿勢。若採趴睡，則需注意頭部下方不要墊太過柔軟的枕頭或被褥。無論如何，口鼻都不可受到被子覆蓋，頭部附近也要避免放置填充玩偶。

2. 繩索

嬰幼兒所接觸的玩具，應排除有繞頸長度的繩索設計。家中各種線狀物，例如：窗簾繩、電線、耳機線等，也要嚴防嬰幼兒接近或不當玩弄。

3. 密閉空間或塑膠袋

幼兒常因好奇心或玩遊戲（例如：捉迷藏），而將自己關閉於密閉空間中，導致窒息。另外，塑膠袋也是另一常引起幼兒好奇心而造成窒息的危險物品。因此大人需隨時監督，以防止此類意外發生。

4. 食物

見後文「(五)誤食」。

(四) 燒燙傷

嚴重燒燙傷對人體所造成的傷害包括造成疤痕的增生與攣縮，進而造成肢體發生障礙，失去處理日常生活的能力。深度燒燙傷更會造成神經麻痺、肢體變形、肌肉萎縮等等問題。此種程度的燒燙傷需要持續的復健，才能得到有效的改善。而漫長且痛苦的治療及復建過程，對傷者及家屬而言都是一種身心的巨大折磨。若傷者為幼兒，更是令人心疼不捨。以下列舉不同類別之燒燙傷，並說明急救方法。

1. 燒燙傷種類

燒燙傷又分為乾灼傷、燙傷、電燒傷、化學燒傷及放射線燒傷等類別。以下分別加以說明：

(1) **乾灼傷**：指身體接觸火或乾熱物品而造成的傷害。家中可能出現的火源，包括火柴、打火機、蠟燭等，乾熱物品則包括通電時的白熾燈泡、熨斗、電暖器等，故應謹慎放置，不可讓幼兒把玩。另外，廚房除了有火，也有許多高溫鍋碗或高溫湯水，故應禁止幼兒在廚房玩耍。災害事件例如火災、瓦斯爆炸等，也會造成乾灼傷。

(2) **燙傷**：指身體接觸熱水、熱油等高溫液體而造成的傷害。過燙的洗澡水為最常見之幼兒燙傷原因，故放洗澡水時，應先放冷水，再加入熱水，水溫保持在攝氏43度以內，且需先試過水溫後才可將幼兒慢慢放入。廚房或餐廳的熱湯一定要放

在幼兒手不可及之處，端取時亦要小心幼兒是否在身旁。在餵食幼兒吃任何熱食之前，亦需先確認溫度合適，才能餵入幼兒口中。

(3) **電燒傷**：指電流通過人體所造成的傷害，會導致皮膚如同黑碳，甚至傷及肌肉、內臟和骨骼。若造成呼吸及心跳中樞麻痺，則會導致死亡。常見的電燒傷發生原因包括幼兒因手指細小且好奇心作祟，易將手伸進插座中，故應將不用的插座以安全塞遮蔽。絕緣包覆損壞的電線應儘快修復換新，不應讓導電的部分暴露於外。水是良好的導電體，故要教育幼兒勿以濕手觸摸電源或開關，大人也不可在幼兒處於水中時讓任何電器掉入。任何通電結構暴露於外的家電，例如：捕蚊燈，應放置在幼兒無法觸及之處，且外部應有保護網設計。

(4) **化學燒傷**：指強酸、強鹼等化學物質對皮膚造成的傷害。某些家用清潔劑為強酸或強鹼，故需收納於幼兒無法拿取之處。幼兒亦可能在無知下誤食酸鹼溶液，造成食道燒傷（詳見後文「(五)誤食」）。

(5) **放射線燒傷**：指放射線物質對皮膚造成的傷害。幼兒最可能接觸的放射線來源為日晒。晒太陽對健康有益，但若需長時間處於陽光下，則需做好防晒工作，例如：戴帽子、使用有蓋的嬰兒推車等。若發現幼兒皮膚發紅、脫皮、刺痛、甚至起水泡，則為晒傷之症狀。

2. 燒燙傷的急救方式

依據不同燒燙傷的類別及程度，急救方法如下：

(1) 若燒燙傷較輕微，例如：僅小面積表皮發紅，用大量冷水沖洗或施以冰敷至離開時不痛即可。

(2) 若傷勢較為嚴重，例如：面積較大或程度較深，則以「沖、脫、泡、蓋、送」五步驟處理。

(3) 產生水泡時，需注意不可將水泡弄破，以免引發細菌感染。

(4) 化學燒傷時，亦需以大量清水稀釋化學物質。

(5) 電燒傷發生時，應立即使用絕緣物品，例如：木棒、塑膠棒或繩索等，將幼兒與電源分開。切勿因心急而以手直接拉扯觸電者，以免救人者也遭電擊。幼兒脫離電源後，若有心跳或呼吸停止的現象，則應即時以CPR急救。

(五) 誤食

嬰兒出生後第六個月進入口腔期，是以口腔認識環境的階段，因此對拿到手的東西都喜歡往嘴裡放。然而若是吃了不該吃的東西，即可能造成呼吸道阻塞（窒息）、食物中毒，或是化學燒傷食道。以下說明常見誤食的物品，以及誤食急救原則。

1. 常見誤食異物

幼兒常見誤食異物包括：

(1) **小物品**：例如：電池、鈕釦、銅板、彈珠、迴紋針、玩具的小零件等。

(2) **化學品**：例如：乾燥劑、樟腦丸、藥物、製作鹼粽之鹼水等。

2. 誤食急救原則

依異物特性及停留位置，應採用不同急救方式。

(1) **經由食道者**

- 自行排出：一般而言，若物品無危險性，且直徑小於2公分者，例如：圓型小塑膠球、一元或五元硬幣、珍珠鑽石等，可等待幼兒自行將之由後端排出。然而，照顧者需仔細觀察，若一週內未排出，仍需送醫檢查。

- 送醫以內視鏡取出：如電池、別針等，因成分或形狀問題而不應停留在體內者，則應送醫以內視鏡協助取出。除非

物品會造成立即危險，不得不冒險挖出，否則在沒有經驗之下催吐或向幼兒喉嚨深處挖取，不僅可能傷及身體組織，且可能讓阻塞更為嚴重。

(2) **經由氣管者**

- 讓幼兒咳出：如果物品仍停留在喉頭而未阻塞氣管，且幼兒可自行咳出，應想辦法誘導使之咳嗽。

- 使用哈姆立克法：若物品已造成幼兒呼吸困難而無法咳嗽，則應使用哈姆立克法增加其身體向外的氣壓，幫助將物品推出。

(3) **不可催吐者**：某些特殊物品在誤食後不可催吐，舉例如下：

- 強酸、強鹼等腐蝕性化學物質：為避免腐蝕性化學物質（例如：鹽酸）在回流的過程中對食道造成二次傷害，因此只能用大量水或牛奶稀釋，並應儘快送醫。更不要自作聰明酸鹼中和，否則會使組織遭受更大的損傷。

- 尖銳物品：尖銳物品（例如：刀片）在體內的進出亦會造成二次傷害，故不可催吐。

- 誤食後神志不清：某些化學品具有神經毒性（例如：樟腦丸），或是其氣味令人昏沉（例如：去漬油）。若幼兒神志清醒則可趕緊催吐，並服用大量開水或牛奶；但若已神志不清，切勿在此情況下催吐或飲食，否則易嗆入氣管，反而更加危險。

3. 誤食之預防方法

為避免誤食發生，危險品應小心收納，置於幼兒拿不到之處所；不可食用的液狀溶劑，例如：包鹼粽用的鹼水，亦不得使用飲料瓶裝存，以免幼兒因無知而喝下。

(六) 割傷及刺傷

刀、剪等是有效的工具，同時也是傷人的利器，生活中也不免發生玻璃碎裂等情事。幼兒在不懂事且動作未成熟時，任何銳利物品皆應小心存放或處理，以避免割傷。

1. 易造成割傷及刺傷的物品

(1) **刀剪等利器**：在讓幼兒使用任何利器之前，必須確認其手部肌肉發育已適合操作該工具，且工具本身有為幼兒安全著想的特殊設計。例如：幼兒用剪刀應為鈍頭、金屬刀刃外應以塑膠包覆，幼兒所使用的刀叉不得太過銳利等。其他不屬於幼兒的工具，例如：針、刀片、非安全剪刀等，應在使用後確實收好。廚房為刀具及火等危險物品之聚集地，應教導幼兒不可隨意進出，或設立裝置阻擋幼兒進入。

(2) **玻璃、瓷器等易碎物及其碎片**：幼兒使用的器物多為塑膠製，可減少許多打破杯盤的機率。但生活環境中難免有易碎物出現之可能性，包括大人用的碗盤或其他器皿，或幼兒拍打玻璃門窗造成破裂等。若不慎在幼兒面前產生碎裂物，首先必須強烈制止幼兒靠近碎片，接著必須將碎片確實清除乾淨，否則任何碎渣皆可能傷及幼兒的皮肉。

2. 意外發生時的急救方式

若不慎發生割傷或刺傷，應以乾淨紗布或面紙按住傷口。若流血量較大，應將患處抬高，使血液不易送達。止血後，再以消毒藥水處理傷口。若利器已生鏽或者傷口有污染，應送醫診治，看是否需要施以破傷風注射。

(七) 夾傷

幼兒的身體矮小、反應緩慢，且常有將手伸向夾縫中探索的傾向，因而夾傷之事時有所聞。以下列舉常見造成夾傷的物品，以及夾

傷發生時的急救方式。

1. 常見之夾傷原因

(1) **門**：門為開闔之結構，故可能使幼兒夾傷。包括鐵捲門、車門、旋轉門及電梯門等，都應在開關之際注意幼兒是否有任何身體部位仍在危險範圍中。

(2) **抽屜**：抽屜如百寶箱，幼兒可能在關上的最後一刻仍因好奇而將手伸入。若有幼兒在旁，關抽屜之前必須小心確認。幼兒自行操作抽屜時，也可能因動作不純熟而夾傷自己的手。在購買家具時，可選用不夾手設計，確保幼兒生活安全。

(3) **折疊式家具或用品**：許多家用物品或許因為使用或收納考量而為折疊式設計，例如：折疊餐桌椅及嬰兒推車等，亦可能造成夾傷。故在折起此類用品時，亦需多加注意。

2. 意外發生時的急救方式

夾傷的後果，輕則僅疼痛驚嚇；中則瘀血，應先冰敷，再以熱敷、按摩等活血方式將瘀血消除，否則會影響氣血循環；重則流血、骨折，此時應立即送醫。

(八) 動物抓、咬傷

幼兒與動物的相處，若好則成為一幅幅溫馨畫面，若壞則成為弱肉強食的殘酷悲劇。以下對動物抓、咬傷的預防及處理方式加以說明。

1. 預防方式

(1) **家中寵物**：對於同時有寵物及嬰幼兒的家庭而言，最理想的結果自然是一家和樂，寵物與幼兒互視為手足。然而，此情此景需建立在具備以下前提之下：寵物性情溫馴且無失寵之心理不平衡感；對於幼兒笨拙的觸摸動作不會解讀為攻擊行為；寵物表達熱情或嬉戲的方式不包括無所克制的飛撲等。

若有以上任一項疑慮,照顧者都必須小心,勿讓幼兒和寵物單獨相處。若寵物確實有不友善傾向,更需將兩方隔離。另外,若寵物正值用餐中或剛生產完,亦需防止幼兒離寵物太過靠近。

(2) **生活環境中的動物**:社區中若有野生或流浪動物,需避免幼兒單獨在屋外玩耍。若外出時遇到動物與幼兒靠近,雖不需過度緊張,仍應採取預防措施,讓動物無法直接與幼兒接觸。

2. 處理方式

若不慎遭動物抓、咬傷,除以大量清水及肥皂清洗傷口外,亦需送醫評估是否需要施打狂犬病、破傷風等疫苗。

(九) 交通意外

馬路如虎口,交通意外即使在成人死亡原因中也名列意外事故之首,更何況幼兒體型矮小,奔跑緩慢,對快速行進中的車輛欠缺閃避能力。且一旦發生撞擊,幼兒柔軟脆弱的骨骼比成人更容易受到嚴重傷害。

以下依行進方式,分別說明幼兒交通安全注意事項。

1. 行走

通常只要出了家門,必有過馬路的機會。即使行走在人行道上,幼兒也可能因突然好奇而衝向馬路。另外,停車場亦是車輛來往密集之處,而有些趕時間的駕駛在停車場中並不會降低車速,因此在路上行走時,應牽緊幼兒的手,並隨時觀察是否有車輛快速駛近,更不可放任幼兒獨自在路邊玩耍。

2. 機車

機車為本國許多家庭的代步工具,也是許多家長每日接送孩子上下學的交通工具。但機車為「肉包鐵」,機車事故造成的死亡率也遠

高於其他車種。

　　在機車乘坐安全方面，首先需讓幼兒配戴符合頭圍的安全帽。若安全帽過大容易脫落，過重則可能傷及頸椎。此外應避免三貼超載，或讓幼兒站在前踏板上。正確乘坐方式應讓幼兒坐於後座，雙手環抱大人，並將兩腳穩踏在兩側踏板。

3. 汽車

　　汽車雖較機車安全，但發生事故時的衝擊力一樣可能使幼兒撞上儀表板或擋風玻璃，甚至飛出窗外，造成嚴重傷害。關於幼兒汽車乘坐安全，除駕駛者需放慢行車速度，嚴格遵守交通規則外，最重要的便是安全座椅及安全帶的使用。

　　本國《道路交通管理處罰條例》第31條第3項明文規定：「小型車附載幼童未依規定安置於安全椅者，處駕駛人新臺幣一千五百元以上三千元以下罰鍰。」第31之1條則規定：「第三十一條第三項所稱幼童，係指年齡在四歲且體重在十八公斤以下之兒童。」

　　不同年齡或體重之幼兒，適用不同規格的座椅，分別說明如下：

(1) 年齡在1歲以下或體重未達10公斤之嬰兒，應放置於車輛後座的嬰兒用臥床或後向幼童用座椅，予以束縛或定位。

(2) 年齡逾1歲至4歲以下且體重在10公斤以上至18公斤以下之幼童，應坐於車輛後座的幼童用座椅。

(3) 年齡4歲以下之幼童如因體型特殊顯無法依規定使用者，得選用適當之安全椅。

(4) 年齡逾4歲至12歲以下或體重逾18公斤至36公斤以下之兒童，應坐於車輛後座並妥適使用安全帶。

☺ 第二節　室內外安全環境設計的原則

上一節介紹了許多意外事故發生的原因及預防方法，但其實若有安全的環境，許多的預防措施都可事半功倍。本節將針對室內及室外的安全環境設計進行說明。

一、室內安全環境設計的原則

室內看似是庇護的場所，然而，由於幼兒大多時間的活動都在室內，因此，設計不當的室內環境時常比室外更具有傷害力。事實上，家中就是幼兒最常發生意外的場所。以下說明室內安全環境設計的原則。

（一）防墜樓設計

家中窗戶需配置紗窗，或者開口不能使幼兒身體得以通過。為避免兒童墜樓，我國《建築技術規則》〈建築設計施工編〉第7節第38條規定陽臺欄杆之高度，「不得小於一·一〇公尺；十層以上者，不得小於一·二〇公尺。……不得設有可供直徑十公分物體穿越之鏤空或可供攀爬之水平橫條。」另外，《公寓大廈管理條例》第8條亦規定：「公寓大廈有十二歲以下兒童之住戶，外牆開口部或陽臺得設置不妨礙逃生且不突出外牆面之防墜設施。」

除了建築上的設計外，陽臺欄杆或圍牆內側也不應放置可供踏腳的桌椅箱櫃，否則幼兒仍可能經由攀爬而跌落牆外。

幼兒園若有樓梯者，應在樓梯間設置安全網以防幼兒跌落。

（二）動線通暢平坦

幼兒在學習行走或奔跑的過程中，對於停止或轉彎的動作可能尚未完全掌握，因此，室內動線必須通暢寬敞，以直線路徑為主，減少

過多家具擺設或物品堆放造成之轉折，以免幼兒在行動過程中因路線太複雜而容易撞傷。地面也應儘量維持平坦，避免高度落差，或太多門檻設計。

(三)避免尖銳設計及突出物

奔跑與跌倒在幼兒成長中是不可避免的過程，因此有幼兒之家庭，或者幼兒園等以幼兒為服務對象的機構，應避免尖銳設計（例如：桌角及櫃角處）以及突出物（例如：鐵釘）的出現。若已有尖銳或突出物存在，應以防撞角、防護墊等安全措施彌補。

(四)安全材質的選用

幼兒專屬或經常接觸的家具、器物、設備等，應儘量選用安全材質。例如：使用堅固耐用、不易傾倒、斷裂或解體的材料及設計，使用防火材質，減少使用玻璃等易碎物，避免使用會釋出有毒物質的材質，樓梯貼防滑條等。

(五)易造成傷害之物品的設置

環境中若有易造成傷害的物品，例如：瓷瓶、熱水壺、刀剪等，應置放於幼兒無法取得且不可能無意碰撞之處。

(六)室內採光及通風

室內環境的採光及通風關係到平時光線及空氣品質，可使身心健康，確保在其中活動者之視線及精神良好，對危險的察覺及反應能力也較為敏捷。通風亦可避免毒氣（例如：一氧化碳）外洩時，立刻中毒。

二、室外安全環境設計的原則

室外開放的環境，對於尚無自保能力的幼兒來說，潛在著許多不

可預知的危險。因此,室外安全環境設計的原則,在於儘量減少幼兒獨自在無知狀態接觸外界的機會。而幼兒時常接觸的戶外大型遊具,其安全性亦非常重要。

由於我國一般居家環境較少有需要對室外部分進行設計的情形,因此,本節主要以幼兒園環境設計為討論對象。

(一) 出入口與道路的關係

馬路如虎口,故應避免幼兒在無大人陪伴之下自行衝出校門而與車輛相撞。以下針對幼兒園出入口(通常是大門)與相臨道路之關係的幾個層面,進行探討。

1. 門禁

幼兒園大門能夠上鎖且幼兒無法自行開啟,是園所環境安全的基本要求。此舉不但可以防止幼兒自行出園,也可防止陌生人進入園中。

2. 接送車輛動線及緩衝空間

即使處於偏僻處或靜巷中,娃娃車或家長的接送仍不免使幼兒園門口有車輛來往並靠近幼兒。為避免上下學尖鋒時間人車的密集往返,提高交通事故發生的機率,應妥善設計車輛動線,以及幼兒等待及上下車的緩衝區,勿使幼兒長時間逗留在車輛附近;或因動線混亂,無所適從而發生碰撞。另外可能的話,應儘量減少外界車輛靠近接送區的可能性,以降低其複雜度。

(二) 地面材質

幼兒在戶外活動時,一般為運動量較劇烈的體能活動,例如:跑、跳或其他競賽及遊戲。換言之,幼兒有許多在戶外跌倒的可能性,因此,戶外地面切勿粗糙、不平坦。地面鋪設應選用安全地墊、草皮、軟木屑等材質,可吸收幼兒跌倒時之衝擊力,減少傷害。

(三) 戶外遊具

戶外遊具是幼兒的天堂，也是幼兒大量使用的器材之一，因此其安全性自不容小覷。

1. 品質選用及維修

戶外遊具安全之重要性自不待言。首先必須品質優良、堅固耐用；再者，其規格皆應符合幼兒身體及動作發展，例如：高度或間隔適當、易於抓握、易於乘坐等；最後更需定期維修，以確保幼兒使用時之安全。

2. 動線設計

遊具的設置需考慮到遊具與行人以及遊具與遊具之間的動線關係。例如：盪鞦韆需要擺盪空間，溜滑梯亦需要滑出空間，不僅不能與其他遊具相隔太近，亦要考慮經過的行人，以及排隊等待的幼兒等動線問題。

(四) 水池

水池為具有美觀及觀察生態的教育意義，卻亦為不可忽視的危險場所。若需要在園所內設置水池，水深必須在幼兒膝蓋接觸到底部時，仍不會淹過其頸部；且其範圍不宜太大，應可讓幼兒輕易接觸到邊緣。若為游泳池，則平時不用時必須上鎖以防幼兒接近，或將水抽乾；使用時，則必定要有教師或防護員在場。

(五) 植物

為免幼兒誤食，園所內種植的植物應為無毒。若為可結果者，果實亦應無毒。

☺ 第三節　兒童保護以及高風險家庭的評估

　　兒童所受到的傷害，除了因意外或不安全環境所造成的受傷，有時，非常令人不忍的是來自最親近的家人。近年來許多兒童虐待個案經由媒體披露，於是發現，原來有些父母並不稱職，不僅無法照顧及教養孩子，甚至竟成為奪走孩子性命的凶手。

　　身為經常與兒童接觸的教師、教保員或保姆，等於是兒童的第二重保護者，若發覺孩子表現有異，而能夠對其在家中的情況懷有警覺心與敏感度，或許便能適時挽救，避免更大的損害與憾事發生。

一、兒童保護

　　任何人不得做出損及兒童福利、權益或身心健康與安全的行為，否則國家有權介入以保護兒童安全。以下針對兒童保護各層面的議題，進行說明。

(一) 兒少保護的基本信念

　　兒童保護主要的法律依據為《兒童及少年福利與權益保障法》（前《兒童少年福利法》），簡稱《兒少權法》（另外亦有《家庭暴力防治法》及《性侵害犯罪防治法》）。《兒少權法》所彰顯的基本信念如下：

1. 兒童少年應享有健康安全的成長環境

　　兒童天真可愛且善良，不應受到惡意傷害或虐待。《兒少權法》第1條即聲明：「為促進兒童及少年身心健全發展，保障其權益，增進其福利，特制定本法。」

2. 兒童少年係完整個體，並享有基本人權

　　一個國家的文明，取決於其對待婦女及兒童的態度。聯合國大會

於1989年11月20日通過《兒童權利公約》，足見「人權」已為現今全球普世價值，對於兒童亦不例外。關於兒少福利與權益，在《兒少權法》中也有非常詳細的規定。例如第49條：「任何人對於兒童及少年不得有下列行為：一、遺棄。二、身心虐待。三、利用兒童及少年從事有害健康等危害性活動或欺騙之行為。……」共十七款。即使是對尚未出生的胎兒，也規定孕婦不得有吸菸、酗酒或施用毒品等會損及胎兒發育之行為（第50條）。

3. 兒童少年係國家重要資產，非父母私有財產

「人」是一個團體最大的資產，而國民的身心素質，決定了一國國力的強弱。兒童有一天將會長大成人，成為國家的運作主力，因此，國家必然盡最大的能力培養兒童健全發展。《兒少權法》中的許多條文，對於兒童的身心健康及教育等面向有至為詳盡的規定。在此信念下，國家必不允許父母憑自己的情緒或喜好，對兒童作出不適當的對待。

4. 政府有權介入家庭，改善父母濫用親權的行為

由於國家不論基於人權或國家發展的立場，都必須積極保護兒童的福祉，因此當父母濫用親權，使兒童權益受損時，政府便有權介入，不讓兒童持續受害。《兒少權法》第5條規定：「……兒童及少年之權益受到不法侵害時，政府應予適當之協助及保護。」

此四點基本信念雖為目前國際間的共識，但某部分其實非常挑戰本國傳統教養觀念。例如：有些父母的確認為孩子是自己的私有財產，政府無權過問，因此時常與公部門發生拉扯及衝突。甚至關於第二點也有認知上的落差，才會造成數量如此多的兒童受虐。在兒童人權的落實方面，我國尚有改進空間。

(二) 兒童虐待的分類

父母或主要照顧者持續不當的對待行為，導致兒童身體受傷、生

活照顧匱乏，或生理、心理情緒上的遲緩發展，稱爲兒童虐待。兒童虐待分爲肢體虐待、精神虐待、性侵害及疏忽。以下分別說明其定義及兒童疑似受虐指標。

1. 肢體虐待

肢體虐待直接造成孩子身體受傷，甚至危及性命。關於肢體虐待的說明如下：

(1) **定義**：包括鞭打、毆、踢、捶、推、拉、甩、扯、摑掌、抓、咬、燒（燙）、扭曲肢體、揪頭髮、扼喉、或使用工具攻擊等任何足以造成肢體上傷害之行爲。

(2) **疑似肢體虐待指標**

- 出現在臉上、臀部、大小腿上、手背、背部及唇部的傷痕。
- 傷口的癒合狀況不一：如新舊傷皆有，傷痕呈現不一樣的顏色等。
- 在手腕、腳踝或腹部有呈環狀、串狀或固定形狀等傷痕（代表可能曾被鍊起來、吊起來等）。
- 不明原因的燒燙傷及灼傷：包括呈現被香或香菸燙過的環狀傷痕；整隻手、手掌或腳等被開水燙過的傷痕；使用某些器具造成的燙傷痕跡，例如：熨斗。
- 不明原因的骨折或脫臼：例如在頭部、鼻子、腳或手等部位，或經醫師診斷有多個部位出現或曾骨折。
- 行爲舉止異常：例如退縮反應，不願與他人接近；不想回家，或看到父母就很害怕；夏天穿長袖衣服。

2. 精神虐待

精神虐待造成的是兒童心理傷害，對其人格發展會產生深遠的負面影響。關於精神虐待的說明如下：

(1) 定義

- 言語攻擊：以言語或語調威脅、恐嚇或企圖貶損他人自尊的行為。例如：辱罵、謾罵對方，恐嚇要殺死全家，威脅讓他再也見不到家人等。
- 心理或情緒虐待：羞辱、瞪眼、跟蹤、監視、限制自由、破壞對方心愛的物品、虐待動物、放火燒屋、開瓦斯等，致使心生畏怖的舉動。

(2) 疑似精神虐待指標

- 偏差習慣。
- 呈現退縮的行為。
- 攻擊或欺負其他同學。
- 情緒或智能發展遲緩。
- 容易自責、自我概念低落。

3. 性侵害

性侵害傷及的不只是兒童的身體，更可能的是造成其一輩子走不出心理的陰影。關於性侵害的說明如下：

(1) 定義：凡違反個人意願，強迫發生性關係，或利用個人從事色情表演、拍色情影片或裸照，即為性侵害。常見對兒童的性侵害有暴露身體、看孩子脫衣洗澡、親吻、玩弄孩子身體、自慰、肛交及性交等。

(2) 疑似性侵害指標

- 身體出現的狀況：包括外生殖器部位（肛門、陰道、會陰等）有瘀傷、撕裂傷、腫脹、破皮或流血等情形，排尿或排便時疼痛，走路或坐下困難，生殖器疼痛或搔癢，衣物有汙漬或血跡，罹患性病或懷孕等。
- 行為舉止異常：例如與年齡不符的性行為或性知識，挑釁或退化的言行，抗拒參加體能活動或身體檢查，過度害怕

身體與他人接觸，言語上表達受到侵害等。

需特別注意的是，若孩子已在言語上明確表達受到性侵害，必須在第一時間相信他，並儘量掌握資訊。性侵害的事情不是任何時間、對任何對象都能講出口，若錯失一次機會，孩子以後可能也不會再說了。

4. 疏忽

疏忽行為損害的是兒童擁有正常生活品質的基本權益，嚴重時不僅使孩子價值觀產生偏差，亦可能讓孩子涉入危險，傷及人身安全。關於疏忽的說明如下：

(1) 定義

- 應為而不為：例如沒有提供孩子足夠的食物、衣服、住所、醫療照顧、不讓孩子上學等。
- 不該為而為：例如利用孩子行乞、犯罪，帶小朋友進入賭場、酒家、色情電影院等不良場所，或是讓孩子抽菸、喝酒、嗑藥等。

(2) 疑似疏忽指標

- 身體出現的狀況：例如身體發出臭味、頭髮凌亂、沒洗澡或衣服髒亂；呈現營養不良，或經常性飢餓；上課時呈現疲憊、無精打采的樣子、或有打瞌睡的情形。
- 行為舉止異常：例如有偷竊金錢或食物的行為；常沒有早餐、午餐可以吃，或沒有錢買食物，只吃泡麵或麵包充飢；衣著不合時宜或不合身；晚上需要至外面販賣口香糖或賣花等維持家計。

(三) 虐待對兒童造成的影響

施虐對大人來說，或許只是一時情緒的發洩，但對於兒童來說，卻是巨大的痛苦。虐待對兒童造成的影響有以下幾個層面：

1. 身體或情緒的障礙

(1) **身體障礙**：例如：肢體變形、視覺受損、聽覺受損、發育不良。

(2) **情緒障礙**：例如：自我形象不良、不易相信別人、不易與他人建立親密行為。

2. 脫軌的行為

被虐待、疏忽的孩子，長大後容易有犯罪、暴力及反社會傾向，也可能在長大後成為施虐者。

3. 死亡

孩子若是經常被虐待、疏忽，嚴重時會導致死亡。曾造成社會關注的2005年邱小妹案、2010年曹小妹案、2011年王昊案、2013年5歲女童遭父親同事虐死案，以及2014年8歲女童被個性封閉的母親活活餓死案，都是令人心痛的重大兒虐案件。

(四) 關於兒童虐待的迷思

為了能在第一時間伸出援手，也為了能在澄清事實的過程中不被偏差的說法動搖，師長的觀念必須正確。以下針對幾點常見的關於兒童虐待的迷思，加以說明。

1. 對受虐兒童的迷思

(1) 受虐兒童一定是有錯在先，才會被虐：施虐父母的非理性行為與子女的行為無關。在情緒失控的大人眼裡，孩子做什麼都錯。即使孩子真的有錯，也不應以施虐方式對待。

(2) 不打不成器，父母是為了孩子好才打他：父母親以教養為名而對子女形成虐待時，已不是為子女好，而往往是因父母不知如何處理其本身的情緒壓力。在打孩子時，父母關心的不是孩子行為背後的理由（常常不是父母主觀認為的「不乖」），或者對人事物想法及感受，而是父母自己的面子、

自尊或期待的落空。

2. 對施虐者的迷思

(1) 施暴者對所有的人都暴力相向：許多施暴者只在家中施暴，在其他的社交場合卻可能非常溫文有禮，言行都有分寸。只是其溫文有禮有時並非眞心的表現，只是將不滿壓抑下來。而對於弱小的自家孩子，在不需要掩飾的情形下，便一起發作出來。

(2) 施虐者必然是失敗者，少有成就，而且缺乏愛心、長相凶暴的人：有許多施虐者是社會成就高的專業人士，而且長相斯文體面，甚至有時施虐者是相當善體人意、頗有情趣的。但是教養觀念與情緒控制，時常與社經地位無關。

3. 對於管教的迷思

施虐的父母常替自己辯護的說法是：「我自己的孩子，難道我不能管嗎？」孩子固然可以管，也應該經由管教讓他們明白事理，學會待人接物及各種規範，但管教與虐待之間，有著本質上的差異。以下分項說明：

(1) **管教**：管教的出發點是愛，希望孩子變好，因此，父母的態度應該維持理性。而既然是爲了一分愛，即使動手體罰，其尺度也應該合理，只是讓孩子感覺痛，痛帶來警惕，而非留下傷痕。

(2) **虐待**：虐待的動機則是憎惡與蓄意傷害。認爲孩子是麻煩的根源，認爲一切都是孩子的錯，而將全身的怒氣發洩在孩子身上。因爲失去了理性，於是其尺度是過分的。孩子身上留下了傷痕，心裡留下了恐懼與自卑，但是卻沒有學到任何事理。

4. 對於兒虐事件中親子關係的迷思

許多人認爲施虐的父母與受虐的孩子之間一定感情不睦，相視如

仇，但時常並非如此。以下是幾點常見的關於親子關係的迷思：

(1) **父母虐待子女，子女必然憎恨父母**：許多父母雖不適任，卻仍是子女最大的依靠。孩子在被打之後，只知道是自己的錯，不認為父母失當，因此表現得加倍乖巧，希望能討父母的歡心。

(2) **對於關係良好的親子，外人不需擔心孩子性命安危的問題**：許多攜子自殺的案件，便是因親子之間關係太過親密。當大人決定走上絕路時，捨不得將孩子獨留世間，於是將孩子一起帶走。

二、高風險家庭

高風險家庭指的是尚未發生兒虐事件，但由於家中發生變故，若無關懷力量介入，極有可能演變為兒童虐待的家庭。高風險家庭之評估，在重要性上不亞於兒童保護，以下分別詳細說明。

(一) 高風險家庭的評估

以下事件可能造成父母或監護人在經濟、時間、能力、心緒上無法照顧兒童，而被評估為高風險家庭：

1. 家庭遭遇重大變故，例如：父母離婚、失業、發生意外、罹患重大疾病、入獄服刑等。

2. 因以上變故使經濟陷入困境。

3. 父母婚姻關係不穩定，或婚姻關係紊亂，例如：分居、未成年未婚懷孕、與人同居等。

4. 家中成員經常衝突。

5. 父母或監護人患有精神疾病或酒藥癮等危機事件。

6. 家庭本身缺乏有力的支持系統和足夠的資源來處理危機。

221

(二)高風險家庭與兒童保護的關係

高風險家庭評估與兒童保護，實質上是同一件工作，只是分處於上游及下游端。也就是說，對兒童有嚴重傷害的兒虐事件本不是一夕之間發生，而且發生時或許已經成為不可挽回的悲劇，如能在家庭功能喪失的早期，便能被警覺性高的周邊人士注意，兒童的身心健康及福祉將可得到更多的保障。

簡言之，若兒童有受虐或遭受疏忽之虞，但虐待尚未成為事實，此時介入的便為高風險家庭方案，要防止的是家庭功能惡化而影響兒童權益；若兒虐事件已經發生，此時介入的便是兒童保護服務，要防止的是孩子性命被剝奪。

三、責任通報

在兒少保護的基本信念下，任何人都可對兒童虐待及高風險家庭進行通報。教育及保育人員更有義務為兒童的性命安全把關。若在執行業務時知悉兒童受虐卻未通報，將面臨罰則。

(一)兒童虐待責任通報

1. 法源依據

《兒少權法》第53條規定了關於兒童虐待的責任通報，第100條則規定了罰則。

2. 規定項目

(1) **責任通報者**：醫事人員、社會工作人員、教育人員、保育人員、警察、司法人員、村（里）幹事及其他執行兒童和少年福利業務人員。

(2) **通報時機**：於執行業務時知悉，至遲不得超過24小時。

(3) **通報對象**：直轄市、縣（市）主管機關。

(4) **主管機關處理時機**：至遲不得超過24小時，其承辦人員並應於受理案件後4日內提出調查報告。

(5) **通報人身分資料保密**：明文規定應予保密。

(6) **罰則**：《兒少權法》第100條規定了責任通報者若違反第53條規定而無正當理由者，處新臺幣六千元以上三萬元以下罰鍰。

(二)高風險家庭通報

1. 法源依據

《兒少權法》第54條規定了關於高風險家庭的通報。而高風險家庭相較於兒童虐待，並未有強制通報的規定，因此也無罰則。

2. 規定項目

(1) **應通報者**：醫事人員、社會工作人員、教育人員、保育人員、警察、司法人員、村（里）幹事、村（里）長、公寓大廈管理服務人員及其他執行兒童和少年福利業務人員。

(2) **通報時機**：於執行業務時知悉兒童及少年家庭遭遇經濟、教養、婚姻、醫療等問題，致兒童及少年有未獲適當照顧之虞。（未規定時限）

(3) **通報對象**：直轄市、縣（市）主管機關。

(4) **主管機關處理**：於接獲前項通報後，應對前項家庭進行訪視評估，並視其需要結合警政、教育、戶政、衛生、財政、金融管理、勞政或其他相關機關提供生活、醫療、就學、托育及其他必要之協助。（未規定時限）

(5) **通報人身分資料保密**：雖未明文規定，但依據社工基本倫理，仍會保密。

(6) **罰則**：無。

(三)通報流程

依通報人身分之不同,有下列幾種通報方式:

1. 一般民眾

(1) **通報方式**:113婦幼保護專線。

(2) **服務類型**

- 未成年保護服務:18歲以下遭受他人身體虐待、精神虐待、疏忽、遺棄或性侵害、性交易等傷害行為。
- 成年保護服務:受到家庭成員、親密伴侶的身體、精神、性方面的暴力或傷害事實;受到他人性侵害或猥褻。
- 福利服務諮詢、相關法律諮詢。

(3) **後續處理**

- 保護型一般案件:24小時內通報案發地家庭暴力防治中心處理。
- 保護型緊急案件:立刻通報案發地警政系統或家庭暴力防治中心社工人員即時處理。

2. 教育及保育人員

教保人員通報窗口直接為主管機關,即各縣市社會局(處),而非113專線。

(1) **通報方式**

- 各縣市社會局(處)電話:緊急情況時,可先以電話通知各縣市社會局(處)社工員處理,但仍需於24小時內完成傳送通報表,並確認通報表完成傳送。
- 填寫通報單:利用「關懷e起來」網路通報(https://ecare.mohw.gov.tw/)。進入首頁後點選通報類別(家暴、性侵、兒少保/高風險),填具資料後送出。

(2) **進度追蹤**:以網路方式通報,留下電子郵件,可線上查詢案

件處理進度。

(3) **注意事項**：為確保案件得以快速處理，通報單需儘可能填寫
　　詳細。

參 考 書 目

吳靜怡（2012）。您不可不知：兒童安全。臺大醫院健康電子報。

呂宗學（2012）。臺灣嬰兒、兒童與青少年死亡率與OECD國家之比較。

黃庭紅等（2014）。兒童安全與急救。臺中：華格納。

賴怡蜜等（2006）。兒童事故傷害調查研究：以臺南某醫學中心為例。

劉玉燕（2012）。如何規劃幼兒園之教保環境：(一)幼兒園的安全環境配
　　置，(二)園舍的安全環境規劃，(三)戶外遊戲環境的安全規劃。

行政院環保署網頁

行政院衛生福利部統計處網頁

交通部統計查詢網

靖娟兒童文教安全基金會網頁

幼兒園環境衛生及消毒
CHAPTER 8

☺ 前言

　　幼兒園是幼兒群聚活動的地方，一旦有傳染病發生，常是群聚感染的大本營。幼保人員除了應具備第五章中各種傳染病的相關知能與預防措施之外，也需要瞭解到幼兒園環境衛生的維護，以及消毒之於幼兒傳染病防治的重要性。平日應著重於幼兒園全員良好衛生習慣的建立，還有全園環境衛生的維持，以減低傳染病爆發大流行的機會；一旦有傳染病爆發，初期大規模大範圍的消毒常是不可避免的。因此，本章將分成第一節環境衛生的定義、評估指標與重要性，第二節消毒的歷史、定義與重要性，第三節消毒劑的分類以及影響消毒效果因素、一般民眾對於消毒可能會有的問題以及理想消毒劑的特性，以及第四節幼兒園環境衛生與消毒等四部分加以敘述說明。

☺ 第一節　環境衛生的定義、評估指標與重要性

　　在談消毒之前，首先應瞭解到環境衛生的定義與相關評估指標，以及環境衛生的重要性。在此引用的是世界衛生組織對環境衛生的定義與相關評估指標，另外並以公共衛生的角度說明環境衛生的重要性，茲分述如下。

一、環境衛生的定義與相關評估指標

　　世界衛生組織（WHO）認為環境衛生（Environmental Health）主要強調的是一個人外在生理的、化學及生物等各方面的因素，以及衝擊這些的所有相關因素。它包含了那些潛在可能會影響健康的環境因素的評估與控制，主要是希望能夠預防疾病，以及能夠產生支持健康衛生的環境。這樣的定義排除了與環境、社會環境、文化環境以及

基因等無關的行爲。

　　而且各國對環境衛生優先順序的界定是非常不同的，尤其是未開發國家與已開發國家之間。主要的環境衛生議題是關注在過去所認爲「傳統的危險」，例如：差的衛生條件、住家以及安全用水；以及所謂「現代的危險」，例如：放射線與食品的化學安全。世界衛生組織（WHO）因此訂出了評估各國環境衛生的十二大指標，大的指標下面又有許多的小指標，包含有：

(一) 社會人口環境

　　需評估的小指標包含人口貧窮指標，人口密度，人口成長率，小於16歲、65歲或大於65歲占人口的百分比，城市化的比率，嬰兒死亡率及平均壽命。

(二) 空氣汙染

　　需評估的小指標包含全年戶外空氣汙染濃度，全年戶內空氣汙染濃度，5歲以下孩童因爲急性呼吸道感染導致發病率以及每年的死亡率，有效管理空氣質量的能力，無鉛汽油消耗量占總汽油消耗量的比率。

(三) 衛生條件

　　需評估的小指標包含總人口與使用適當的排泄物處理設施的比例，5歲以下孩童腹瀉的發病率以及因腹瀉死亡的全年死亡率。

(四) 住家條件

　　需評估的小指標包含居住在非正式定居點的人口比率，居住在不安全、不健康或危險房屋的人口百分比，家庭意外事故的發生率，建築物的範圍和建設以及住房的計畫規範。

(五) 是否容易取得安全飲水

　　需評估的小指標包含住處是否得到充足的安全飲用水的人口比或

是方便得到安全飲用水的人口比，能夠接用自來水的家庭比例，5歲以下孩童腹瀉發病率，5歲以下因腹瀉導致的死亡率，以水為媒介傳播疾病的發病率，水質監測網絡密度。

(六) 蟲媒疾病的監測

需評估的小指標包含地方性蟲媒傳染病的人數，蟲媒傳染病的死亡率，有效控制高危險群或處理蟲媒傳染病的百分比。

(七) 固態廢棄物的處理

需評估的小指標包含提供定期收集垃圾服務供應的人口百分比，市政廢物管理服務處理固體廢物的質量，制定和執行危險廢棄物的政策和法規的有效性。

(八) 有毒 / 危害物質的監測

需評估的小指標包含兒童血液中鉛含量 > 10微克（μg）/ 分升（dl）的百分比，有毒 / 危害物質中毒的死亡率，受汙染土地的範圍和管理的嚴格性。

(九) 食物的安全性評估

需評估的小指標包含藉由食物傳播疾病的發病率，5歲以下孩童腹瀉發病率，5歲以下因腹瀉導致的死亡率，食品中潛在危險化學物質監控的比例。

(十) 輻射線指標

需評估的小指標包含吸收有效輻射劑量超過5毫秒 / 年的人口比例，紫外線指數。

(十一) 非職業性的健康危害

需評估的小指標包含馬路意外事故導致的死亡率，5歲以下孩童身體傷害的發生率，每年5歲以下孩童報告中毒的人數。

(十二)職業性的健康危害

需評估的小指標包含暴露於不安全、不健康或危險工作條件工人的百分比，職業傷害的發生率，因職業病死亡的發生率。

其中例如安全飲水，廣為大家所知的就是在飲水中加入可以接受的氯含量，以抑制飲水中的細菌增長，避免傳染病的傳播。過去也有山地鄉部落曾經因為私接水管太近排便系統，造成飲水受到志賀氏桿菌的汙染，導致桿菌性痢疾的爆發流行。另外像是集體性的食物中毒，也是安全的食物被監測的項目之一；還有已經變成地方性流行的登革熱，也是蟲媒疾病之一。諸如此類，其實都是世界衛生組織（WHO）評估各國環境衛生的相關項目。

雖然世界衛生組織（WHO）界定的環境衛生評估指標項目如此眾多，也並非如一般民眾認知的環境衛生，只是強調環境的乾淨衛生與否。由於本書主要針對幼兒傳染病以及其所處環境衛生的控制，因此，本章節所強調的環境衛生主要是針對在幼兒園傳染病爆發流行過程中，幼兒園可採取的防範行為，以及在環境中所採取的消毒措施，以避免傳染病發生的控制環境衛生的方法。

二、環境衛生的重要性

無庸置疑的，環境衛生影響人類健康甚鉅。回顧過去的歷史，早在兩千年前，羅馬人就已經建造了地下排水道，有效地遏止傳染病的發生及避免排泄物的臭味飄散在地面上；1854年的英國蘇活區曾經爆發霍亂疫情，造成199人受到感染，死亡人數更是高達70人，當時的蘇活區被形容成如同死城一般，一位內科醫師John Snow利用標示感染病例或死亡病例居住所在地的方式，謹慎追蹤求證，排除無關因素之後，發現是因為水源被霍亂弧菌汙染，導致霍亂疫情的爆發流行，後來政府當局將該區Broad街供水的抽水機手柄移除之後，霍亂

231

的疫情就得到控制。這是飲用水受到病原汙染之後，透過不再使用被汙染的水源，而將傳染病疫情控制下來的實例之一。這些案例都足以說明環境衛生——良好的下水道系統、安全飲用水以及環境衛生控制的重要性。

1999年九二一大地震時，衛生署疾病管制局派員南下到災區協助調查時，蒐集的環境衛生資料不僅只有安全的飲用水，也包括衛生不擁擠的臨時居住環境，衛生的公廁，以及對傳染性疾病，包括感冒等各種傳染病的監測。顯示環境衛生不是僅有環境乾不乾淨而已，就如同世界衛生組織（WHO）所定的評估指標一樣，其涵蓋的層面相當多元。

根據公共衛生的觀點來看，學習環境衛生的目的主要希望人類學習透過環境衛生的維護與控制，以能有效預防疾病的發生或傳染病的傳播，並能藉此改善或維持人類生活環境的品質，進一步保護自然環境的資源與維護生態物種之間的平衡。綜所言之，透過瞭解環境衛生的內涵，最終目的就是希望人類所處的生活環境或大自然是健康永續、生生不息的。

第二節　消毒的定義、歷史與其重要性

本節主要在探討消毒的定義、歷史與其重要性，希望讓讀者對於何謂消毒、消毒又是從何時開始的、消毒到底有何重要性，能夠有一個概念。

一、消毒的定義

本節首先要探討的是有關消毒（Disifection）的定義。所謂的消毒，其實就是藉由液體狀的化學藥劑或濕式的巴氏滅菌法，雖然無法

減除微生物的孢子，但是可以部分或完全消除無生命物體上存在的病原微生物的方法與過程。

二、消毒的歷史

　　早在公元一世紀時，Marcus Terentius Varro即指出，可能存在著一種用肉眼無法看到，並且可能是藉由口鼻的管道進入人體，導致人類生病的生物，這種生物是生活在潮濕溫軟的環境中。到了十九世紀，就已經開始有人用科學的方法進行消毒與滅菌。首先注意到感染控制的兩位重要先驅，分別為Ignatz Semmelweis（1816～1865）與Joseph Lister（1827～1912）。Ignatz Semmelweis是一位醫師，在維也納的一家醫院工作，他注意到產後孕婦的死亡率十分驚人，經過查證後發現，醫學院的學生每次上完大體解剖課程之後，沒有洗手就直接接觸產婦進行檢查，後來他叫學生們接觸產婦之前要洗手，產婦的死亡率就降低了；他也因此提出，只要建立常規性的洗手習慣，就可以預防產褥熱的發生與散播。

　　另外一位Joseph Lister，是首位在手術房使用檸檬酸鹽（carbolic acid）來清洗手術傷口以及手術用的器械，藉此有效地降低了手術的死亡率。他的另外一項創舉，就是製作了敷料蓋在傷口上，有效隔離傷口接觸空氣中細菌的機會。自此以後，微生物被普遍認為是導致感染的主因。1867年時，他將洗手納入手術前的常規，以及將phenol當作手術時沖洗傷口的制菌劑，並將此舉引進英國及美國，這就是感染控制的起源。之後的外科醫師就將phenol噴灑在要開刀的傷口上，以進行感染的控制。

　　從這兩位醫師利用洗手或化學物質來降低感染的風險，就可以理解到除了洗手，消毒在感染控制上扮演不可或缺的角色，在此也點出了消毒的重要性。在外科手術時，現代醫師進入手術室之前，必須進行洗手以及刷手（使用betadine scrub或Hibiscrub消毒液或其他FDA

核准的乾性洗手液）兩道洗手程序，就是希望有效清除或完全移除手上的細菌，以降低手術中病患傷口被感染的風險。

三、消毒的重要性

目前已知導致人體感染的原因主要有三：一為致病微生物的數量，二為其毒性，三為宿主本身的抵抗力。除了運動加上良好營養與睡眠以強化宿主本身的抵抗力之外，針對原因一、二，就是希望藉由消毒來達到消滅或抑制細菌數量或毒性的目的。

消毒在環境衛生上扮演著不可或缺、舉足輕重的角色。每次在爆發任何疫情的初期，都會進行大範圍與大規模的消毒工作，例如：南部爆發登革熱時，通常都會在疑似或確定病例住家周圍、感染地點與病毒血症期停留超過2小時以上地點，以這些地點為中心，半徑50公尺為範圍，加以噴灑對成蟲具殺害性、但對人體具低毒性的除蟲菊類化學藥劑，以殺死可能帶有登革熱病毒的所有成蚊。另外若有腸病毒疫情流行期間，托嬰中心、幼兒園或麥當勞等幼兒聚集的地方，每日都應使用含氯消毒劑，進行環境消毒。諸如種種，都顯示出消毒與環境衛生的密切關係。

第三節　影響消毒效果的因素、一般民眾對於消毒可能會有的問題、理想消毒劑的特性，以及各類消毒滅菌方法的作用機轉與優缺點比較

此節主要闡述影響消毒效果的因素有那些？一般民眾對於消毒可能會有的問題，以及理想消毒劑（disinfectant）的特性為何？首先要瞭解的是影響消毒效果的因素，然後再探討一般民眾對於消毒可能會有的問題，以及理想消毒劑的特性。不過在瞭解上述內容之前，讀者

對於幾個與消毒相關的概念應該先理解清楚：

1. 滅菌（Sterilization）

能夠將所有微生物，包括孢子都消滅的滅菌過程稱之。

2. 消毒（Disifection）

藉由物理的或化學的方式，消除無生命物體上大部分的致病微生物的過程，但無法去除孢子。如果是利用化學方式進行消毒的物質，就稱為消毒劑。不過，並不是所有消毒劑都可以消除所有致病原，針對不同的微生物，需要選擇適合的消毒劑。

3. 去汙（Decontamination）

利用消毒或滅菌的方式，以去除受汙染物品上的致病微生物，主要是利用物理或化學的方式去移除，讓微生物變得不活化或摧毀病原微生物，讓微生物不再具傳染力。

4. 衛生處理（Sanitization）

利用化學或機械清潔的方式，減少食具上的微生物到一般可接受的水準，主要是用於食品製造業的製造過程。

5. 無菌（Asepsis）

運用技術的方式，例如：戴手套、利用空調或紫外線殺菌器來達到無菌的環境。

6. 防腐、消毒（Antisepsis）

利用化學品使皮膚或黏膜完全沒有致病微生物。

7. 抑菌（Bacteriostasis）

僅抑制物品上微生物的活性，並沒有殺死細菌。

8. 殺菌（Bactericidal）

利用化學品殺死細菌的過程，不同的殺菌劑針對不同的微生物而產生殺菌效果。例如：殺病毒劑就是殺病毒的，殺細菌劑就是殺死細菌的。

9. 抗生素（Antibiotics）

一種微生物產生出來抑制它種微生物的活性，或殺死該微生物的物質。

另外，消毒與滅菌的方法很多，說明如圖8-1。

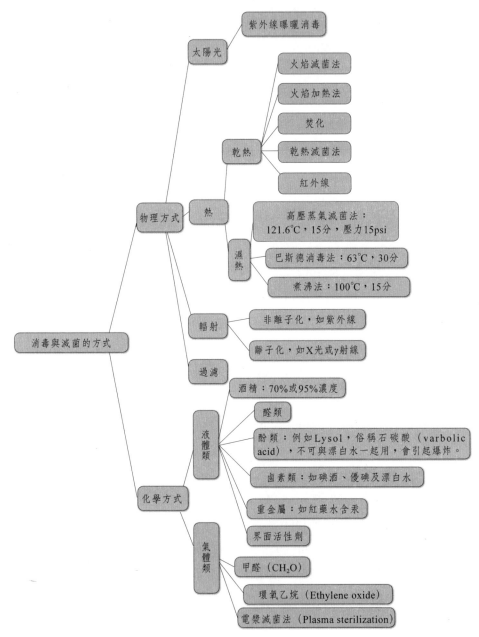

8-1　消毒與滅菌的方法

圖片來源：http://www.microrao.com/micronotes/sterilization.pdf

一、消毒劑的分類，以及影響消毒效果的因素

　　一般而言，殺菌劑（germicide）可以分成兩種：一種是用於活體組織及皮膚上的抗菌劑（antiseptics），抗菌劑只適用於皮膚表面的消毒，不能用於無生命物體表面；另外一種消毒劑只能用在無生命物體表面的消毒，不能用於皮膚，因為此類消毒劑會造成皮膚以及組織的損傷。

　　很少消毒劑可以殺死孢子，不過如果延長消毒時間到3～12小時，就可以達到殺死孢子的效果，此類消毒劑就稱為化學消毒劑。若依照消毒的濃度、時間以及效果加以分類，消毒劑可分成：

(一)高層級的消毒劑（High-Level Disinfectant）

　　在類似的消毒濃度與較短的消毒暴露時間條件下，此類消毒劑可以殺光所有的微生物，但無法殺死孢子。例如：使用2%戊二醛（glutaraldehyde）進行20分鐘的消毒方式，就屬於此種高層級的消毒劑。此類消毒劑主要是針對醫院內較為精細的器材，如內視鏡或麻醉用器材等；6～10%的雙氧水（H_2O_2），主要適用於氣管內插管痰的清除或呼吸治療的裝置；3～8%的福馬林（甲醛，CH_2O）用來泡製標本，另外 > 0.1%（1000ppm）的次氯酸鈉（漂白水）也是屬於此種消毒劑。

(二)中間層級的消毒劑（Intermediate-Level Disinfectant）

　　指的是對於分枝桿菌，一些細菌，大多數病毒和大多數的真菌，具有殺菌的效果，但不一定殺得死細菌的孢子。例如：優碘、碘酒（0.5%碘加70%酒精泡製而成），以及70～90%酒精，都屬於這一類消毒劑，主要適用於消毒傷口、皮膚與溫度計。另外，漂白水（0.1～0.5%）主要用於自來水的消毒以及被病患體液（包括口水、

237

鼻涕、耳朵分泌物、尿液或其他身體的分泌物）、血液汙染的任何物品表面的消毒。

(三)低層級的消毒劑（Low-Level Disinfectant）

是指可以在10分鐘的消毒時間裡殺死大部分營養的細菌，一些真菌以及一些病毒的消毒劑。進行消毒以前的清潔工作非常重要，因為清潔工作是利用清水與清潔劑或酵素產品，以先去除物體表面的泥土或其他有機物質；清潔之後才可以進行高層級消毒劑的消毒，才能達到完全殺菌的效果。低層級消毒劑例如四級胺類化合物（Zephiran），但目前已改為清潔用；以及0.01%（100ppm）的次氯酸鈉。

消毒劑殺菌的效果是非常歧異的，主要是依據其抗菌的效果和效果反應的迅速性。另外，許多的因素也可以影響到消毒效果的好壞，例如：物體消毒之前的清潔，遭受汙染的微生物種類及受微生物汙染的程度，暴露於殺菌劑的濃度與時間，受汙染物體的物理性質，消毒過程的溫度與pH值，某些情況如環氧乙烷（ethylene oxide）是一種低溫滅菌劑，作為精密醫療儀器如內視鏡或手術刀的消毒，就必須留意到在滅菌過程中的相對濕度，它會被拿來作為滅菌的原料，主要是因為其對環境的傷害性小，不會造成環境的汙染。

二、一般民眾對於消毒可能會有的問題

應該選擇怎樣的清潔用品或消毒產品才適合？室內外是不是都應該進行消毒？遭受汙染的廢棄物或垃圾是否有處理的指引？民眾可能提出諸如此類有關消毒的問題，在此僅就下列幾個常見問題說明如下。

(一)如何選用適當的常規性清潔產品？

一般日常家用清潔產品只要有含皂的或一般的清潔劑即可。

(二)如何選用適合的消毒產品？

不具外套膜（non-enveloped）的病毒如伊波拉病毒，比具外套膜的病毒對於消毒劑具更有抗性，亦即消毒劑無法抑制此種病毒的活性。所以在選用消毒劑時應該詳閱說明書，查看該消毒劑適合用於何種細菌或病毒。例如：針對伊波拉病毒，可能就要選用適合不具外套膜病毒的消毒藥劑，才有殺菌效果。

(三)室外物品的表面或物品，如人行道或庭院家具是否需要消毒？

只要懷疑已經被汙染的任何物品表面都應該進行消毒工作，如同室內的消毒程序一樣。亦即只要有疑似病例出現，仍應該進行室內外物品表面的消毒工作，以降低傳染病散播的可能性。

(四)室內需不需要使用蒸氣型或噴霧型消毒劑？

室內若考慮要使用蒸氣型或噴霧型消毒劑，應該瞭解該產品是不是衛生福利部藥品管制署核可的消毒劑，對於人體或環境會不會有傷害性；如無法確定來源，建議不要使用。即便是核可的消毒劑，也應於幼兒不在時，才進行室內噴霧或蒸氣消毒工作，避免對幼兒造成未知的傷害。

(五)遭受汙染的廢棄物或垃圾是否有處理的指引？

不論是疑似或確定病例，其所使用的沾有分泌物如鼻涕、痰、體液、血液或排泄物的衛生紙或尿布等，都應該用塑膠袋密閉包覆好，確定不會外漏，再丟棄到垃圾桶。其他物品則應先依照漂白水浸泡消毒濃度及時間進行消毒程序。

三、理想消毒劑的特性

美國疾病管制及預防中心（Center for Disease Control and Prevalence, CDC）提出理想的消毒劑應該具備以下特性：

1. 具廣泛抗菌性

理想的消毒劑，應該具有廣泛的抗菌性。

2. 殺菌效果快速

理想的消毒劑，應該能快速的產生殺菌效果。

3. 理想的消毒劑比較不會受到環境因素的影響

在其他有機物質的存在下，例如：血液、痰、糞便、肥皂、洗滌劑等也不會影響消毒劑的效果，可與其他化學藥劑並存使用，而不會失去效果。

4. 理想的消毒劑對人類是無毒的

也就是說，理想的消毒劑不會對使用者或患者產生危害。

5. 消毒的殘效性

理想的消毒劑在被使用後，應該可以在物體表面形成一層抗菌膜。

6. 理想的消毒劑應該是無臭味的

理想的消毒劑應該有一個比較好的味道或至少是無臭的，以方便日常生活所用。

7. 理想的消毒劑應該是經濟划算的

理想的消毒劑應該不用花太高的費用才能取得。

8. 理想的消毒劑的溶解性佳

理想的消毒劑應該是易溶於水的。

9. 理想的消毒劑的穩定性高

不論是在濃縮或稀釋狀態，其性質應該是穩定的。

10.理想的消毒劑的清潔效果好

理想的消毒劑應該具備良好的清潔力。

11.理想的消毒劑對於環境是友善的

理想的消毒劑應該不會對環境造成傷害。

目前被採用最廣泛的化學物質就是氯，也就是家用漂白水中所含的主要成分，是因為此種化學物具有許多特性，分別說明如下：

1. 氯的性質非常不穩定，易溶於水，也容易被陽光分解。

2. 由於含氯消毒劑經濟實惠，故常被選為環境消毒的首選化學藥劑。

3. 加入水中會轉變成次氯酸（hypochlorous acid）和氯化物（chloride），產生漂白、除臭以及殺菌等效果。

4. 要注意的是，含氯漂白水勿與廁所清潔劑一起使用。尤其是含有胺成分的清潔劑，容易造成有毒物質釋放到空氣中，造成氯中毒。另外，曾有新聞說到有人使用清潔劑清潔馬桶之後又倒入含氯漂白水，導致馬桶爆炸，乃是因為產生氧化效果所致。故使用任何消毒劑或清潔劑之前，都應該清楚研讀說明書之後，再加以小心使用。

5. 長期暴露於低濃度的含氯環境中，仍會對皮膚或呼吸道造成刺激；若濃度過高時，嚴重可導致肺部的水腫。雖然氯本身目前並無致癌風險的報告，但是只要與未經處理的水或老舊水管中所含的有機物，如枯葉和土壤產生交互作用，就會重新產生新的化學物質，叫作氯化副產物（chlorination by-products, DBPs）－三鹵甲烷（trihalomethanes, THMs），此種物質已被證實會造成人體基因的突變，並增加罹癌的風險。

雖然美國疾病控制及預防中心（CDC）提出理想的消毒劑應該具備這麼多好的特性，但是任何化學物質必有其利，也難免有其害。像是有一年，香港爆發禽流感，全面使用含氯消毒劑的結果，造成水源嚴重的污染，故只能說小心使用，儘可能降低其可能引發的副作用

或傷害。例如：燒開水時應打開抽風機，讓蒸發在空氣中的三氯甲烷能夠被排除；又按照說明書的使用說明，使用安全的濃度與消毒劑量，將其可能產生的傷害降到最低；又或是定期更換老舊水管，減少氯與老舊水管中的有機物質結合，產生氯化副產物（chlorination by-products），降低罹癌的風險。

四、各類消毒滅菌方法的作用機轉及優缺點比較

在此僅舉幾種較爲一般人熟知的消毒劑或滅菌方法，如表8-1，分別論述其作用機轉以及優缺點，讓幼兒園可以加以比較並進行選購。

表8-1　各種消毒滅菌法比較

消毒滅菌法	使用條件及作用機轉	優點	缺點
煮沸法	1.100°C的沸水，持續煮10～15分鐘。 2.利用熱讓微生物細胞中的蛋白質變性，或讓微生物的酶失去活性。	1.簡單易行。 2.殺菌效果佳，不會殘留。	1.無法殺死含孢子的細菌，如芽孢桿菌屬Bacillus和梭菌屬Clostridium。 2.只適合布品類與金屬類物品等耐熱物品的消毒。
70～90%酒精	1.濃度：70%爲最佳殺菌濃度。 2.機轉：讓有機體的蛋白質脫水或凝固。 3.許多乾洗手都以酒精爲主要成分，通常會標示爲70% Ethylalcohol。	1.便宜。 2.容易取得及泡製。 3.環境破壞性小。	1.殺菌效果有限，特別是物品表面若附著有有機物時，對諾羅病毒效果差。 2.容易使皮膚乾燥，對黏膜具有刺激性。 3.對於親水性病毒無效，例如：克沙奇病毒與B肝病毒。 4.無法殺死含有孢子的細菌。

消毒滅菌法	使用條件及作用機轉	優點	缺點
5%次氯酸鈉（漂白水）	1.濃度：不同層面的消毒使用不同濃度，例如：高程級的消毒法是使用＞0.1%的次氯酸鈉（1000ppm），低層級的消毒是＜0.01%的次氯酸鈉（100ppm）。 2.機轉：減弱有機物蛋白質的活性。	1.便宜易取得。 2.毒性或刺激性都較其他化學殺菌劑小。	1.稀釋過後的溶液較不穩定，故需加蓋，以及於24小時內儘快用完。 2.遇高溫，效果會減弱；也不可與酸性物質共用。 3.對皮膚黏膜具刺激性，濃度過高也會導致吸入性肺水腫。 4.氯化副產物有致癌疑慮。
過氧化氫（俗稱雙氧水，H2O2）	1.1.6%以上為高層級消毒劑，10～25%為滅菌劑。 2.機轉：雙氧水是利用其強氧化性的特性，造成蛋白質變性，而有殺菌效果。	1.廣效性殺菌劑。 2.對人體以及環境的毒性較含氯漂白水來得更低。	目前已不建議作為傷口的消毒劑，因為其強氧化作用對於細胞有毒殺性。
甲醛（俗稱福馬林，HCHO）	1.易溶於水，5%濃度可以作為液體消毒劑，35～40%濃度具防腐作用，常用於泡製標本。 2.機轉：造成有機物的蛋白質變性以及基因缺損。	對於細胞毒性大，故可對抗多種微生物。	1.不可以儲存在密閉的空間或靠近火的地方，也要避免儲存容器被破壞。 2.許多家具或家具黏膠裡含甲醛成分，另外防皺衣物也常用來作為衣物的定型用。 3.2～10ppm就會引發眼睛過敏，超過25ppm就讓人無法忍受。 4.急性吸入會導致支氣管炎、肺水腫及肺炎，嚴重者甚至死亡；長期暴露有罹癌的風險。

243

消毒滅菌法	使用條件及作用機轉	優點	缺點
蒸氣滅菌法	1.條件：121°C，持續45～75分鐘。 2.利用熱的原理，讓微生物的蛋白質產生變性。	1.對人以及環境無毒害。 2.容易控制以及監測整個過程。 3.殺菌快速，滅菌時間短。 4.滅菌過程中受物體表面有機物或無生命體的影響很小。 5.兩次消毒間隔時間不需太久。	1.對於熱敏感的儀器是有害的。 2.顯微手術的器械如果重複使用此法進行消毒滅菌，容易受損。 3.若器械或儀器是潮濕狀態，可能會導致生鏽。 4.燙傷的潛在性危險。
紫外線照射燈	1.最佳消毒波長為253.7 nm。 2.機轉：使微生物的染色體受到破壞。	1.適合進行物品表面、水以及空氣的消毒，常被使用於病人出院後的病房消毒。 2.記得要消毒的物品，不要重複交疊在一起，消毒效果會變差。	1.由於穿透力不夠，只適合作物品表面的消毒。 2.使用不當，例如：進行病室消毒時未撤離人員，將造成皮膚以及視力的傷害。

第四節　幼兒園環境衛生與消毒

　　由於幼兒園階段（3～6歲）的小朋友，抵抗力正好處於發展自我抵抗力偏弱的階段，而且幼兒的特性就是喜歡將任何物品放到嘴巴加以探索嘗試，再加上幼兒園人數眾多，只要有人感冒或有其他傳染病，常易造成幼兒園的群聚流行。故如何維護幼兒的健康與衛生，減少傳染病的爆發流行，就必須透過幼兒衛生習慣與認知行為的建立，

還有環境的消毒來降低細菌或病毒等在環境中的存留，包括定期環境的清潔與消毒、玩具的清洗與消毒。本節將特別針對幼兒園環境平日的消毒工作，以及爆發腸胃道傳染病如諾羅病毒、輪狀病毒、腸病毒，或蟲媒傳染病如登革熱疫情時的緊急消毒工作，還有一般民眾對於消毒可能會有的問題，加以敘述說明。

一、平日的環境消毒工作

平日的環境消毒工作將依照選用合乎衛生署核准的消毒劑、可使用的量器、消毒範圍、消毒效果、施行消毒的時間，以及含氯消毒劑注意事項，加以說明。

(一)選用合乎衛生署核准的消毒劑

1. 酒精

70～75%濃度的酒精為效果最強的殺菌濃度，主要的殺菌機制是讓細菌的細胞脫水，然後讓細菌死亡。一般市售藥用酒精濃度為95%（如圖8-2），買回後可自行調配。需注意的是水與95%藥用酒精的比例為1：3，也就是100cc的水加入300cc 95%藥用酒精，就可以調配成濃度約為72%左右的酒精。此濃度適合小範圍及儀器的消毒，或當作外出時手部之消毒。市面上的乾洗手，有些就是以酒精為消毒成分的，但要注意應於通風處使用。還有酒精對於諾羅病毒並沒有殺菌效果，也就是諾羅病毒並不怕酒精，最好的方式還是以勤洗手為佳，避免病毒殘留手上而傳染他人。

圖8-2　一般市售95%濃度藥用酒精

2. 漂白水

如圖8-3所示。

圖8-3　市售某牌6.2%含氯漂白水

(1) 成分：5%次氯酸鈉。

(2) 泡製原則：1分漂白水加99分冷水稀釋（1：100）變成0.05%或500ppm濃度的消毒液。切忌使用熱水，因為熱會造成次氯酸鈉的分解，進而降低消毒的效果。

(3) 滅菌機轉：含氯漂白水主要的作用機轉，在於其能使微生物

的蛋白質變質，故能消滅病毒、細菌或眞菌。

(4) 消毒效果：泡製後的漂白水消毒效果可維持10～60分鐘左右。

(5) 有關於漂白水的泡製濃度及適合消毒的物品，如表8-2所示。

表8-2　漂白水的泡製濃度及適合消毒的物品

濃度	消毒水的泡製	適合消毒物品
0.01%（100ppm）	20cc漂白水（可以用小孩用的藥杯測量，或是一個塑膠免洗湯匙的量）12000cc水（使用600cc寶特瓶×20瓶）	一般的餐具，例如：碗、盤、湯匙及筷子等。
0.02%（200ppm）	20cc漂白水加上5000cc水	小孩的玩具、衣物
0.05%（500ppm）	20cc漂白水加上2000cc水	家具表面或室內地板
0.1%含氯量（1000ppm）	一瓶市售漂白水加上4瓶水	可用於消毒運送食物的餐車
0.5～0.6%含氯量（5000ppm）	市售漂白水直接使用	任何懷疑或確定留有傳染病病人體液、血液或病人嘔吐物的物體表面

(一) 可使用的量器

要泡製漂白水時，可以用量杯，也可以就地取材利用寶特瓶、塑膠湯匙進行泡製。一般實驗室使用之標準量器，以50cc爲度量單位的500cc量杯與以10cc爲度量單位的100cc量杯，如圖8-4所示。

圖8-4　500cc與100cc量杯

(三) 消毒範圍

　　包括所有幼兒園工作人員以及小朋友可能碰觸的物品。例如：教室的桌面或地面、廁所的水龍頭、馬桶蓋、馬桶及地面，以及操場上所有小朋友可能接觸的物品表面；幼兒的可移動式小床、床單、幼兒的玩具，除可使用含氯漂白水加以消毒之外，也可於清潔之後，利用太陽的紫外線照射8小時以上，同樣具有殺菌效果。

(四) 消毒效果

　　若是擦拭物品表面，需確保用消毒劑擦拭物品表面至少10分鐘；若是以浸泡式消毒方式進行，則應確保浸泡30分鐘以上，以達消毒效果；之後再用清水擦拭或沖洗即可。

(五) 施行消毒的時間

　　應該選擇幼兒放學之後的時間，避免幼兒吸入過多的氯氣而造成呼吸道的傷害；吸入過量者可導致肺水腫，故不可不慎。

(六) 使用含氯消毒劑應注意事項

　　1. 由於氯對鼻部或呼吸道黏膜會有刺激作用，故以含氯漂白水

進行環境消毒的人員，在消毒時應該戴上口罩、手套、護目鏡，以及防水圍裙。

2. 使用前應先去除欲消毒物品表面上的有機物質，例如：泥土、樹葉、血液、口水或其他體液等，以免降低氯的消毒效果。

3. 小心含氯消毒劑的劑量過多、濃度過高或過度使用，都會造成環境的汙染及生態的破壞，故應遵照泡製濃度加以製作需要的消毒劑濃度。

4. 稀釋過後的漂白水應於24小時內儘快使用完畢，並且加蓋避免陽光照射，以免破壞其消毒效果。

5. 最好不要泡製過多的漂白水，以一次可以使用完畢為原則，避免造成環境的汙染。

6. 使用泡製過後的含氯漂白水，若要沖入排水管或馬桶丟棄，應注意再加以稀釋100倍，然後再倒入排水管或馬桶，否則會造成馬桶的細菌化汙功能下降，屆時可能造成阻塞或惡臭產生。

7. 若不小心被漂白水濺到眼睛，應儘快用乾淨的冷水沖洗15分鐘以上，並就醫確定沒有造成眼睛的傷害。

8. 漂白水只能使用塑膠瓶保存，不可使用玻璃製瓶子保存；也應放在幼兒無法碰觸到的地方為原則，並應確保瓶身上消毒劑的名稱與有效日期的標示清楚確實。

(七) 其他物品的清潔、消毒或維護

1. 除了定期清洗與更換空調的濾網、排水管，並應定期清洗冷氣機。

2. 教室的吊扇或風扇葉面也應定期清洗，避免塵垢或病原的堆積，造成幼兒呼吸道的負擔，或細菌、病毒的傳播。

3. 定期更換老舊水管以及熱水器的管線，以避免致病微生物以及有機物的堆積。

249

二、爆發疫情及流行期的緊急消毒工作

除了平日的環境消毒之外，一旦有傳染病疫情爆發時，常需要採取緊急大範圍、大規模的消毒或噴藥工作，以防疫情的擴散。故就腸胃道方面的傳染病如諾羅病毒、腸病毒，蟲媒方面的傳染病如登革熱，以及呼吸道傳染病H7N9，還有直接傳染的伊波拉病毒的消毒工作，加以分別說明。

(一)腸胃道傳染病爆發疫情的緊急消毒工作

腸胃道方面的傳染病，如腸病毒與諾羅病毒等，常會造成感染者有腸胃道症狀，如上吐下瀉的情形，在第五章中也提及過腸病毒可以在病人身上的水泡分泌物或大便中找得到，也可以因接觸被感染者身上破掉的水泡分泌物或排泄物而造成腸病毒的傳染。因此，一旦有疑似病例出現，可能就需要進行幼兒園全面的消毒工作，包括：

1. 傳染病病例的確認

疑似個案應馬上就醫，以確認其是否罹患傳染病。若為幼兒園工作人員，則應確保不能進行處理食材的工作，避免造成傳染病的傳播。

2. 餐具的消毒

腸胃道傳染病由於可藉由糞口途徑造成疾病的傳染，故流行期間應進行所有餐具的消毒工作，碗盤可以浸泡含氯漂白水之外，大型的料理餐具如湯鍋、炒菜鍋等，也可藉由高溫滅菌或紫外線照射的方式進行消毒。

3. 環境的全面消毒

(1) 消毒範圍：教室內所有小孩會接觸的物品、廁所地板、馬桶、洗手台與水龍頭，以及操場上所有幼兒會接觸的物品。

(2) 幼兒園應每日清除廁所垃圾桶裡的衛生紙，並且更換垃圾袋（勿重複使用）。清掃前應戴上口罩及手套，並且切忌將沾

有排泄物的衛生紙重複使用於清理廁所地板，造成致病原汙染地面或飄散於空氣中，造成傳染病的散播。

(3) 疑似或確診病例分泌物、嘔吐物或排泄物以及尿布的處理，說明如下：

- 處理之前應先戴上口罩及手套。

- 避免直接使用拖把碰觸疑似或確診病例的分泌物、嘔吐物或排泄物。

- 疑似或確診病例留在地面的分泌物、嘔吐物或排泄物，戴上口罩及手套後，使用衛生紙包覆好，確定不會外漏，最好直接將包覆用的衛生紙丟入馬桶沖掉，避免病原留在垃圾桶或空氣中，造成其他幼兒被感染；之後再用抹布或拖把沾取0.5%濃度的漂白水加以擦拭被汙染物體的表面或地面至少10分鐘，以確保其消毒效果。需切記的是，應該將用過的抹布或拖把用清潔劑清洗乾淨後，必須再泡在0.5%的漂白水溶液中至少30分鐘，然後曝曬於大太陽底下，並避免放在細菌容易孳生的潮溼環境。

- 幼兒的衣褲若不小心沾到疑似具有傳染力的分泌物、嘔吐物或排泄物時，應該馬上換掉，也必須浸泡在5%濃度的漂白水中至少30分鐘，以達消毒的效果。

- 幼兒園的工作人員在替幼兒更換尿布前後都應確實洗手，並將更換下來的尿布用塑膠袋密封好，以避免病原的飄散，降低傳染病散播之虞。

4. 注意事項

酒精類的消毒劑對於腸病毒與諾羅病毒的消毒效果並不好，故仍應以含氯成分的消毒劑為主要的消毒劑。

（二）蟲媒傳染病爆發疫情的緊急噴藥工作

已知的是如登革熱這種藉由帶有病毒的埃及斑蚊或白線斑蚊叮咬傳染的蟲媒傳染病，一旦有疑似病例或確診病例的出現，勢必進行環境的噴藥工作，以避免斑蚊到處飛行叮咬，造成疾病的爆發流行。

1. 選用的藥劑

環保單位及衛生單位通常選擇對成蚊具有毒性、但對人體毒性小的除蟲菊類藥劑進行噴灑作業。

2. 噴灑範圍

疑似或確診病例以其可能感染地點及病毒血症期（指的是登革熱病毒已侵入病人血液中，並在血液中開始活動的時間，通常是指發病前一天至發病後五天）停留地點，以半徑50公尺為噴灑藥劑範圍。

3. 建議噴灑地點

(1) 疑似感染地點以及確診病例病毒血症期間逗留的地方，包括室內與室外都應進行噴藥工作，若有必要則需進行兩次噴藥。

(2) 疑似或確診病例活動地點，成蚊指數已達0.2以上或布氏指數兩級以上，即應進行噴藥消毒工作。

(3) 高風險區（即疑似或確診病例的活動地點）的孳生源也應進行噴藥消毒工作。

(4) 病例群聚處或新增病例的活動區域都應列入噴藥範圍，故此範圍是有可能隨時變動增加的。

4. 注意事項

(1) 噴灑藥劑前，應該先確保幼兒離開要噴藥的區域之後再進行噴藥消毒工作。

(2) 幼兒園工作人員以及疑似或確定病例居住社區居民，應配合積水容器的清除工作；無法清除的積水容器，都應加蓋並確

定蚊蟲不會飛入產卵。

(3) 颱風過後淹水區或淹水的地下室，都應儘快排除淹水狀況，避免蚊蟲孳生，必要時仍需執行噴藥工作。

(三) 呼吸道傳染病H7N9爆發流行時的消毒工作

透過呼吸道傳染的傳染病其實有很多，為大家所熟知的有肺結核、德國麻疹、百日咳、流行性感冒等。在此僅就目前最讓人覺得擔心的禽流感H7N9的消毒選擇藥劑、範圍及方式，加以說明。

1. 消毒藥劑的選擇

(1) 手部的消毒：70%酒精。

(2) 環境物品的表面：仍以漂白水為主要的消毒藥劑。

2. 消毒範圍

以幼兒園工作人員或幼兒會碰觸的所有物品表面都要進行消毒。

(1) 教室裡的所有物品。

(2) 操場上的所有物品。

(3) 圖書室裡的書可以考慮用紫外線燈消毒箱進行消毒。

3. 消毒方式

參考表8-1各類物品之含氯漂白水消毒濃度及泡製方式執行消毒工作。

4. 注意事項

(1) 飯前、如廁後以及碰觸玩具前後的洗手，是避免傳染病散播的基本功。

(2) 洗手後再使用70%酒精進行消毒，可使細菌的細胞脫水，以有效殺死含油脂的細菌。

(3) 如果是園方自行進行消毒時，建議戴護目鏡、手套、口罩以及防水圍裙進行消毒工作，同樣也要注意應於幼兒離園之後再進行消毒工作。

(四)伊波拉病毒爆發流行時的消毒工作

目前已知伊波拉病毒是藉由接觸已感染病人的血液、體液（嘔吐物及大小便）、或是暴露於已被感染者血液或體液汙染過的物品，像是被針頭扎到所傳染的，因此要留意下列事項：

1. 進行清潔與消毒的工作指引

(1) 任何照護者或工作者在執行有關伊波拉病毒的清潔以及去汙動作時，都應該注意穿著適當的防護裝備（Personal Protective Equipment, PPE），如圖8-5所示。

圖8-5 個人防護裝備（PPE）

圖片來源：http://www.cdc.gov/vhf/ebola/hcp/ppe-training/index.html

(2) 任何物品表面只要沾有被疑似或確診感染病例的血液、嘔吐物、大小便或其他體液的話，都應立即予以清潔及消毒，以0.05%（500ppm）的漂白水進行消毒即可。

(3) 在去汙完成之前，應該將可能被感染的可能區域加以劃分隔

離，避免沒有在執行工作的個人遭受感染。

(4) 標示可能已受感染或懷疑已受感染的區域，避免沒有在執行工作的個人遭受感染。

(5) 對於可見的汙染，選用衛生福利部食品藥物管理數或疾病管制署核准的消毒劑，例如：選用適合不具外套膜病毒的消毒劑，不具外套膜的病毒比起具外套膜的病毒更難以破壞，像伊波拉病毒就是其中一種。

(6) 遵照消毒劑瓶身上的標籤說明進行適當濃度的消毒水配置，並確保消毒要完全。

(7) 盡量使用工具去進行清理的工作，例如：用鉗子去夾任何沾有疑似或確定病例使用過的紗布或衛生紙，避免直接用戴手套的手去清理。

(8) 避免使用加壓空氣或水噴霧劑進行清理工作，以免產生生物氣霧，導致吸入感染。

2. 受感染病人用過廢棄物的處理

(1) 進行廢棄材料如個人防護設備（PPE）的消毒，之後再用不怕刺穿的雙層塑膠袋加以包裝好。

(2) 回收有著多孔表面卻無法進行表面消毒的廢棄物。

參 考 書 目

一、中文部分

1854年倫敦霍亂——傳染病空間與John Snow。**臺灣大學地理環境資源學系多媒體研究室**。2015年3月13日，取自gisedu.tw/teach_10_1/super_pages_download.php?Sn=199

小學、幼兒園及托育機構教托育人員腸病毒防治手冊。**衛生福利部疾病管制署**。2015年3月10日，取自http://www.cdc.gov.tw/professional/submenu.aspx?treeid=17C966DDE3C666A3&nowtreeid=ECD38F0E585E181F

居家環境消毒建議。**衛生福利部疾病管制署**。2015年3月8日，取自http://stud.adm.ncku.edu.tw/hea/4work/H1N1/環境消毒建議-疾管局.pdf

消毒與滅菌。**臺北榮民總醫院放射線部**。2015年3月10日，取自http://wd.vghtpe.gov.tw/RAD/site.jsp?id=5040

教育部就有關各級學校因應H7N9流感疫情消毒作業原則。**教育部**。2015年3月13日，取自http://www.ncut.edu.tw/ncut/h7n9/pdf/h7n9_5-4.pdf

登革熱/屈公病防治工作指引。**衛生福利部疾病管制署**。2015年3月10日，取自http://www.cdc.gov.tw/professional/list.aspx?treeid=6FD88FC9BF76E125&nowtreeid=40E99965F8CDD882

葉純宜、林明澄、陳小妮、王復德（2005）。紫外線殺菌效能探討。**感染控制雜誌**，15(5)，293-300。

實驗室清潔消毒之常用術語及消毒劑。**環境與安全衛生中心**。2015年3月11日，取自http://safety.csmu.edu.tw/ezcatfiles/safety/img/img/1606/147611439.pdf

學校病毒性腸胃炎防治手冊。**衛生福利部疾病管制署**。2015年3月10日，取自140.122.114.217/.../pic/news_file/20130312142733.pdf

環境消毒作業要領。**衛生福利部疾病管制署**。2015年3月10日，取自

http://ivy5.epa.gov.tw/epalaw/docfile/103160.pdf

醫院消毒劑的介紹。三軍總醫院感染控制中心。2015年3月10日，取自
http://wwwu.tsgh.ndmctsgh.edu.tw/NICC/NEWS/10103感控園地--消
毒劑介紹.pdf

醫療物品之消毒與滅菌。義大醫院。2015年3月11日，取自
http://www2.edah.org.tw/cp/study/04_1001015醫療物品消毒與滅菌.pdf

二、英文部分

Cleaning and Decontamination of Ebola on Surfaces. *Occupational Safety and Health Administration(OSHA)*. Retrieved March 12, 2015 from
https://www.osha.gov/Publications/OSHA_FS-3756.pdf

Disinfectants and disinfectant by-products. *World Health Orgazation(WHO)*. Retrieved March 3, 2015 from http://www.who.int/ipcs/publications/ehc/216_disinfectants_part_1.pdf?ua=1

Environmental Health and Housing. *Borough Council of King's Lynn & West Norfolk*. Retrieved March 11, 2015 from http://www.west-norfolk.gov.uk/pdf/ST1.pdf

Environmental Health Indicators: Framework and Methodlogies. *World Health Orgazation(WHO)*. Retrieved March 3, 2015 from http://whqlibdoc.who.int/hq/1999/WHO_SDE_OEH_99.10.pdf

Guideline for Disinfection and Sterilization in Healthcare Facilities, 2008. *Center for Disease Control and prevention*. Retrieved March 3, 2015 from http://www.cdc.gov/hicpac/pdf/guidelines/Disinfection_Nov_2008.pdf

Guidance for Donning and Doffing Personal Protective Equipment (PPE) During Management of Patients with Ebola Virus Disease in U.S. Hospitals. *Center for Disease Control and prevention*. Retrieved March 3, 2015 from http://www.cdc.gov/vhf/ebola/hcp/ppe-training/index.html

H. A. Zucker., S. Kelly(2014). *Guidance for Local Health Departments on Ebola Virus Environmental Cleaning and Disinfection in Non-healthcare and Non-laboratory Settings.* Retrieved March 3, 2015 from https://www.health.ny.gov/diseases/communicable/ebola/docs/lhd_cleanup_of_ebola_in_non-health_care_settings.pdf

J. Blancou.,(1995). *History of disinfection from early times until the end of the 18th century.* Retrieved March 11, 2015 from http://www.oie.int/doc/ged/d8963.pdf

Learn about recommendations for working with formaldehyde. *Center for Disease Control and Prevention.* Retrieved March 12, 2015 from http://www.cdc.gov/niosh/docs/81-123/pdfs/0293.pdf

我們的粉絲專頁終於成立囉！

2015年5月，我們新成立了【五南圖書　教育／傳播網】粉絲專頁，期待您按讚加入，成為我們的一分子。

在粉絲專頁這裡，我們提供新書出書資訊，以及出版消息。您可閱讀、可訂購、可留言。有什麼意見，均可留言讓我們知道。提升效率、提升服務，與讀者多些互動，相信是我們出版業努力的方向。當然我們也會提供不定時的小驚喜或書籍折扣給您。

期待更好，有您的加入，我們會更加努力。

【五南圖書　教育／傳播網】臉書粉絲專頁

五南文化事業機構其他相關粉絲專頁，依您所需要的需求也可以加入呦！

五南圖書 法律／政治／公共行政

五南財經異想世界

五南圖書中等教育處編輯室

五南圖書 史哲／藝術／社會類

台灣書房

富野由悠季《影像的原則》台灣版　10月上市！！

魔法青春旅程—4到9年級學生性教育的第一本書

五南文化廣場 橫跨各領域的專業性、學術性書籍
在這裡必能滿足您的絕佳選擇！

五南全國展售門市

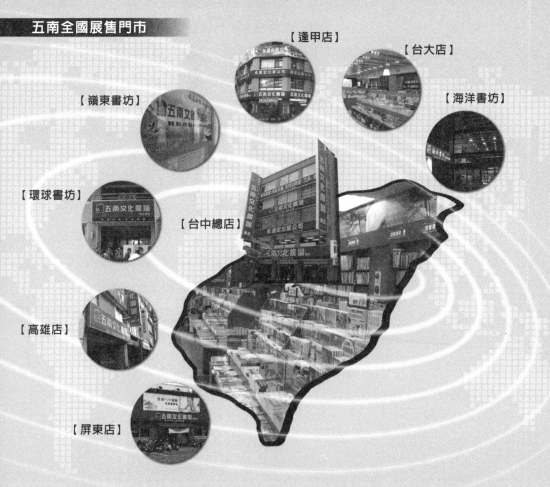

【逢甲店】

【台大店】

【嶺東書坊】

【海洋書坊】

【環球書坊】

【台中總店】

【高雄店】

【屏東店】

海洋書坊：202 基 隆 市 北 寧 路 2號 TEL：02-24636590 FAX：02-24636591
台 大 店：100 台北市羅斯福路四段160號 TEL：02-23683380 FAX：02-23683381
逢 甲 店：407 台中市河南路二段240號 TEL：04-27055800 FAX：04-27055801
台中總店：400 台 中 市 中 山 路 6號 TEL：04-22260330 FAX：04-22258234
嶺東書坊：408 台中市南屯區嶺東路1號 TEL：04-23853672 FAX：04-23853719
環球書坊：640 雲林縣斗六市嘉東里鎮南路1221號 TEL：05-5348939 FAX：05-5348940
高 雄 店：800 高 雄 市 中 山 一 路 290號 TEL：07-2351960 FAX：07-2351963
屏 東 店：900 屏 東 市 中 山 路 46-2號 TEL：08-7324020 FAX：08-7327357
中信圖書團購部：400 台 中 市 中 山 路 6號 TEL：04-22260339 FAX：04-22258234
政府出版品總經銷：400 台中市軍福七路600號 TEL：04-24378010 FAX：04-24377010
網 路 書 店 http://www.wunanbooks.com.tw

專業法商理工圖書・各類圖書・考試用書・雜誌・文具・禮品・大陸簡體書
政府出版品總經銷・中信圖書館採購編目・教科書代辦業務

國家圖書館出版品預行編目資料

幼兒健康與安全／趙偉勛，汪雅婷，徐珮娟
著. －－初版. －－臺北市：五南，2015.10
　面；　公分
ISBN 978-957-11-8327-5（平裝）

1.幼兒保育　2.幼兒健康　3.學前教育

523.2　　　　　　　　　104018228

1IYU

幼兒健康與安全

作　　者 — 趙偉勛（339.6）　汪雅婷　徐珮娟

發 行 人 — 楊榮川

總 編 輯 — 王翠華

主　　編 — 陳念祖

責任編輯 — 劉芸蓁

封面設計 — 童安安

出 版 者 — 五南圖書出版股份有限公司

地　　址：106台北市大安區和平東路二段339號4樓

電　　話：(02)2705-5066　　傳　　真：(02)2706-6100

網　　址：http://www.wunan.com.tw

電子郵件：wunan@wunan.com.tw

劃撥帳號：01068953

戶　　名：五南圖書出版股份有限公司

法律顧問　林勝安律師事務所　林勝安律師

出版日期　2015年10月初版一刷

定　　價　新臺幣350元